真相與修復
Truth and Repair

創傷倖存者如何想像正義？
How Trauma Survivors Envision Justice?

茱蒂絲・赫曼——著
Judith Herman

吳妍儀——譯

目錄

導讀　創傷療癒的「正義之路」／何雪綾 …… 007

導言 …… 017
Introduction

方法論說明 …… 033
A Note About Methodology

I

權力
POWER

第一章　暴政的規則 …… 037
The Rules of Tyranny

第二章　平等的規則 …… 049
The Rules of Equality

第三章　父權體制 Patriarchy ……… 063

II
正義的願景 VISIONS OF JUSTICE

第四章　承認 Acknowledgment ……… 081
第五章　道歉 Apology ……… 093
第六章　究責 Accountability ……… 109

III
療癒 HEALING

第七章　平復 Restitution ……… 139
第八章　復歸 Rehabilitation ……… 157
第九章　預防 Prevention ……… 177

結論　最長的革命 …… 203
Conclusion: The Longest Revolution

致謝 …… 213
Acknowledgments

註釋 …… 〔6〕
Notes

譯名對照 …… 〔1〕

導讀

創傷療癒的「正義之路」

何雪綾（臨床心理師、政治暴力創傷療癒工作者）

茱蒂絲．赫曼一九九二年出版心理創傷的經典著作《創傷與復原》，談的是創傷的歷史、創傷的現象、創傷經驗的承接與理解、療癒及復原的階段。二〇二三年的續作《真相與修復》，同樣延續探討人際暴力創傷的心理療癒，全書卻幾乎不見心理創傷病理及治療的專業術語，場景多半在法庭、學校、社區協助中心或者家庭內部的協商會議之間挪移，談在一個個受創傷的人試圖療癒自身傷痛過程裡，她們對於復原懷抱的所有想望，在既有的司法與社群環境裡，如何被定錨、左右與拉扯，終至奮力突破。

相隔三十一年的兩本著作，其間有令人玩味的傳承與視角挪移。赫曼在《創傷與復原》，已經揭示了復原的三個階段：恢復安全感、回顧與哀悼，以及重新建立連結；而《真相與修復》，她視為自己基於前作所提的三個階段，深入思考「正義」之於倖存者的各個困難複雜的問題，由此鋪排通往復原最後一哩路的可能途徑。

為什麼是正義？

社會文化因素深刻影響人們對創傷的理解，創傷不僅關乎個人心理，更需要被擺放在社會脈絡之下設想其面貌，這是赫曼在《創傷與復原》即已提出的觀點。到了《真相與修復》，赫曼更聚焦於社會文化因素中的權力關係，並且不再只是將之作為理解創傷的工具——它本身便導致創傷，亟待省思與改變。

心理治療雖然也協助案主處理和心理困擾有關的客觀生活事件或者人際關係，但仍相當程度訴諸案主的主觀認知與情感。《創傷與復原》的復原三個階段，即是從倖存者出發的努力，即便最終需要朝向與他人、社群甚至政府重新建立連結，談論較多的，多半仍是發生在倖存者身上的事、那些療癒如何可能的事。但人際暴力創傷是根源於握有權力者濫用其權力，不公正、不恰當地對待他人——也就是根源於不正義，所以不論倖存者內心如何強大，都無法獨自修復傷痛，完成創傷的復原。所以在《真相與修復》這本書，赫曼挪移了視角，不再是倖存者如何（在治療師或者社群的幫助下）修復她們自己，而是整個道德社群，應當從倖存者的眼光裡看到什麼是正義，從而努力做些什麼，來支持整個復原的歷程。

打開對權力的意識

因為創傷根源於權力濫用之下的不正義，赫曼在第一個部分以「權力」為題，於第一章及第二章分述暴政之下的從屬關係及相互對等的平等關係，分別在什麼樣的規則之下運作，並以第三章父權體制為例，說明暴政規則的實際運作，及平等規則窒礙難行的可能原因。

暴政採取的強制手段，儘管未必人人熟悉，卻不難想像。但暴政要能長久運作，必不可少的是旁觀者的共謀。赫曼在第一章以及全書的多個章節，對於為數眾多的旁觀者在面對權力與自身連帶利益時的選擇，以及他們所抱持的隱微心態有諸多描述，這是一般讀者較少能具體想像，但也是受害者最深刻的背叛感受的來源。

對比於暴政的規則，第二章闡述平等的規則。平等規則的落實，困難之處在於受害者的正義維護經常牽連著他者的利益，有時是司法體系代表國家維護法治制度的需要，有時就只是社會上多數群體為了維繫其美好日常而產生的反動情緒，因此有必要建立道德社群。讀者也會在後續章節陸續發現，道德社群在創傷倖存者的療癒歷程中扮演重要角色，甚至可說，是倖存者能否重回生活的關鍵所在。

從真相出發：承認、道歉與究責

第二部接續談論倖存者眼中的正義願景：承認、道歉、究責。這三章的主題，乍看之下相當直白，難以想像延伸討論的空間，但在正義追求的路途中，實則行難知亦難。且每一步驟，都繫著倖存者的療癒旅途，是她們重新遭遇自身創傷經驗，直面真實世界的第一現場。

第四章探討倖存者所想要的承認，若不是得到表淺的受害者標籤、認證，那會是甚麼？追求正義與療癒的過程中，倖存者何以會一再地感受到自身經驗、自我價值遭遇否定，以至於她們會不斷呼喊「希望真相為人所知」？讀者或許可以放慢腳步細細思考：對於倖存者來說，何謂真相？

赫曼呈現多位倖存者的見證，意圖在幫助讀者看到創傷經驗的真相，經常是層層疊疊被掩蓋在加害者或旁觀者出於個人動機的扭曲詮釋之下。倖存者日日夜夜面對的真實處境被排擠出去，她們也被迫吞下不屬於她們的歷史，在療癒的旅途中無所依憑。因此「承認」或可視為是尊重倖存者對於發生在自己身上的創傷，擁有第一人稱的權威。承認倖存者的經驗，無須在價值上給予贊同或者肯定，但必須如其所是地接受倖存者內在所經歷過的真實感受，認同它的發生其來有自，也並非想像。透過經驗被公開承認，倖存者得以重新建立對自我的經驗的肯定，從而找到療癒旅途的立足點。

第五章談論道歉。在公眾視野裡，道歉常連結著原諒與和解，這是許多社會大眾或旁觀者積極關心的美好目標，背後經常偷渡著逃開痛苦的願望。原諒及和解，實際上並非應當努力落實的步驟，而是當一切努力都到位了，便水到渠成的結果。因此是否想要得到道歉，對於某些倖存者來說，是個難以回答的問題。與其說想要看到任一種表面形式的道歉動作，倖存者真正想要的，是透過加害者的道歉行為，窺見加害者內心對於自身所造成的傷害有充分的理解，並且真誠悔悟與抱歉。而原諒，則是倖存者在感受到真誠的悔悟之後，自然而然產生的反應。

赫曼在這個章節中，很細緻地提出另一種原諒——不再堅持自己必須有個更美好的過去，放下自責，原諒自己。這種原諒的核心是哀悼，與加害者是否用各種形式表達歉疚已無關聯。反過來說，原諒連結的是在倖存者內心感覺這個受傷經驗能夠被適當地安放，而不再是條件反射式的憤怒或受傷。原諒能夠成為倖存者擁有主控權的經驗，不論從原諒他人或者原諒自己，都可以是一個途徑。

第六章談究責，赫曼論述由國家代表向加害者追究責任，看似是一種進步，然而在過程中，受害者往往被邊緣化，淪為究責的工具，只負責提供證言，因此她提出「修復式正義」作為懲罰之外的另一種究責方式。這種方法透過連結道德社群，積極進行道德教育，讓加害者直面社群對其行為的負面反應。透過引發羞恥感，加害者得以逐步承認自己的加害事實。然而，修復式正義的推行需仰賴道德社群對罪行有相對一致的態度，否則容易引發爭議。無論是懲罰式正義還是修復式正義，兩者都旨在促成改變。要求加害者承擔責任的核心目標，是讓他們產生悔悟，能夠體察他人的痛苦，並確保不再重犯。

療癒的實踐：平復、復歸與預防

第三部談療癒，赫曼分享多年來，她與同儕累積有關於平復受害者、提供加害者處遇及預防暴力的嘗試做法。這些方法許多夾雜著第二部所提及的承認、道歉及究責，顯示這三個正義的願景，彼此之間實際上並非線性發展關係，而是相互伴隨彼此深化的不同面向的投入。

第七章探討平復，著眼於「讓倖存者能夠得回所失」、「變得完整」。在台灣轉型正義工作中，針對政治受難者所受之國家不法侵害的認定、罪名撤銷、名譽回復及金錢賠償，以及針對政治受難者及家屬，以恢復社會連結及信任進行的心理療癒工作，都是屬於平復措施的一環。這些措施都努力把受害者及家屬失去的某些東西，重新還給他們。

創傷為倖存者帶來劇烈的生活變動與權能喪失的感受，因此在平復這一章，赫曼談論的不只是金錢的賠償或補償。讓身為加害者的男性教授從大學職場離開、培力基層警察的創傷知情以適當於第一線承接受害者，以及提供受害婦女法律知識應對創傷後的生活困境等，都是試著將安全的生活環境歸還給倖存者的方式；人口販運干預法庭的設計，則是提供遭受人口販運的賣淫少女，監獄以外的社會服務機構選擇，讓她們的人生路徑得以有不同的展開。

第八章的加害者復歸及第九章的性暴力預防，則是著重避免未來的傷害。赫曼探討了各種有效的修復方案，例如第八章針對親密伴侶暴力和性犯罪者的治療方案，這些方案強調了社群參與和支持在修復過程中的重要性；替代性修復式正義的模式，則是讓性暴力倖存者可以參與其他案件性犯罪者組成的治療團體，透過向他們分享性暴力對她帶來的影響，幫助他們理解倖存者的經驗；以及第九章針對大學校園的性暴力犯罪預防的創傷實驗方案，以公共衛生的三級預防，提出三項應相互整合的條件：以教育作為降低暴力風險（初級預防）、提供性暴力高風險學生有效回應（次級預防），及針對性暴力學生進行治療與監管（三級預防）。

這兩個章節儘管實證資料有限，卻是將創傷復原的工作，層層外推至道德社群的不同群體，呼應了這本書的視角挪移：道德社群從倖存者的眼光裡，找到可以投注的努力，修復不再只是倖存者的個人任務。

復原的最後一哩路

正義的這一哩路，如何與心理創傷療癒有關？又如何不只是心理創傷療癒？心理治療是透過理解與重新意義化經驗來協助當事人形成完整的生命敘事，主觀經驗的梳理固然重要，但意義何嘗不是建構在相對真實的客觀世界裡？在這本書的各個章節，赫曼不只是敘述每個修復階段的做法，更是透過對每位倖存者經驗細緻的層層見證，以行動來敘說支持、以具體的作為傳達價值。而受創者被破壞的信任，正需要透過這些具體細微的累積重新經驗與建立。最終，是整個身為旁觀者的你我所共同組成的道德社群，透過一連串的倫理選擇，群起支持倖存者以及社群修復的歷程。

真相與修復
Truth and Repair

茱蒂絲・赫曼
Judith Herman

導言

Introduction

當我在《創傷與復原》裡首度寫下創傷被遺忘的歷史時，我主張受創者的苦難不只關乎個人心理，也總是關乎社會正義。因為位於創傷根源的暴力，其目的在於支配與壓迫，甚至連指認出創傷、為之命名，都需要廣義人權社會運動——為了世俗民主、廢除奴隸制、婦女解放、終結戰爭而進行的運動——所給予的歷史脈絡。直到越戰退伍軍人把他們的動章扔進白宮圍牆，並且做證就算已經安全返家，內心深處他們永遠還在越南，創傷後壓力症在美國才被承認是一種正式診斷。直到女人在女性解放運動中找到她們的聲音，並且做證說出隱而不顯卻日日有之的強暴、毆打與亂倫罪行，性暴力才被承認是一種全球性的瘟疫。

如果創傷性疾患是無權力者的病痛，那麼賦權（empowerment）必定就是復原的中心原則。如果創傷讓人羞恥孤立，那麼復原就必須發生在社群之中。這些是我作品中的核心治療性洞見，而我相信，即使跨越文化與時間，這些洞見仍舊站得住腳。

在《創傷與復原》中，我探查出從創傷中復原的過程大致上有三個階段。在第一階段，倖存者必須聚焦於複雜而吃力的任務：確立現在的安全，目標是保護自己免於進一步的暴力。安全讓倖存者能從削弱她、讓她陷入悲慘屈從狀態的恐怖中恢復，並且重新獲得一種自主感。在日常生活中擁有些許控制與選擇，會成為進一步復原的先決條件。這是為什麼就算是警方與司法體系代理人的善意干預，在取走倖存者的權力與控制的同時有可能造成進一步的傷害，以及為什麼尊重倖存者、為倖存者賦權的法律介入，是一種公正而有療癒性的做法，可以彌補她們承受的傷害。

在復原的第二階段，倖存者能夠追悼過去，並且從創傷中生出意義。她永遠不會是她人生創傷事件之前的同一個人了，不過她可以從自己的哀慟之中鑄造出新的身分，既不否認她的過去，也不讓過去完全定義她。在追蹤倖存者隨時間復原的這方面，現在已有大量研究把直覺上合理的事實記錄下來了：社會支持是良好復原的有力預測因子，社交孤立則是有毒性的。人孤獨時無法感覺安全，也不可能一個人哀悼或製造意義。

哀悼過去可能看似沒完沒了，但這過程確實會告終。在第三階段，倖存者可以重新聚焦於現在與未來，拓展並深化她與更廣大的社群之間的關係，還有她對於生活中種種可能性的意識。[1]某些非比尋常的倖存者體認到她們的苦難是更巨大的社會問題的一部分，還能夠轉化她們的創傷具備的意義，把她們的故事變成給其他人的禮物，並且跟其他人聯手尋求一個更美好的世界。她們發展出我的同事兼友人羅伯．立夫頓所說的「倖存者的使命」。[2]這些年來，我一直有幸成為許多病人的見證人與盟友，看著她們經歷這些復原階段，重拾她們的人生。

近年來，我已經開始深入思考復原的第四階段、也是最後階段的觀念，這個階段就是正義。如果創傷真的是一種社會問題（它確實是），那麼復原就不可能只是個人私事。創傷的傷口並不僅限於犯行者的暴力與剝削所導致的那些；旁觀者——所有參與共謀、寧願不知有虐待發生、或者責備受害者的人——他們的作為或不作為，導致的傷口往往更深得多。這些傷口是社會暴力生態學的一部分，針對從屬階級與被邊緣化之人的犯罪在其中被合理化、被容忍，或者被隱形。如果創傷源頭在於一種基礎性的不正義，那麼完整的療癒就必須要求來自更大社群的某些正義措施來加以修復。

在復原過程中，倖存者免不了要直接面對許多複雜的正義問題：她們敢公開說出她們的故事嗎，而要是這麼做了，她們的真相能夠得到社群承認嗎？傷害能被修復嗎，而要是可以，修復會需要什麼？倖存者與加害者如何能夠繼續生活在同一個社群中？向加害者問責會是什麼意思？和解是某種值得期待的事情嗎，如果是的話，能夠如何達成？社群要如何提供公共安全並且預防未來的傷害？

為了設法回答這些問題，我再度傾聽倖存者。這本書是要想像出一種對所有人都更好的正義之道。我提出的意見是，暴力倖存者深知許多其他人寧願不知道的真相，而她們可以領路，走向對正義的全新理解。第一步很單純，就是去問倖存者，對她們來說，怎麼做才能夠糾正錯誤——或者說是盡可能地糾正。這做法聽起來很合理，實際上卻鮮少有人這麼做。因此，到頭來，傾聽變成一種激進的行動。

在這本書裡，我設法顯示出對許多倖存者來說，正義意味著什麼——而且透過她們的想法去預想，如果她們的需求與願望真的被納入考慮，我們的司法體系會變得多麼不同。我特別聚焦於婦女與兒童暴力倖存者，理由有二：（一）因為我們現在知道，這可能是世界上最普遍且持續最久的人權侵害，[3]而且（二）因為在我的整個職業生涯中，我的工作對象絕大多數都是這些倖存者。

我在女性解放運動的時代成年，這個運動教會我激進的傾聽行動。這是我最大的好運。就像作家葛蕾絲・佩利曾寫過的，在那些年參與女性解放運動的女人，得到來自偉大的第二波運動的「浮力、噪音與鹹味」[4]*支持，而我確實從那時開始就一直仰賴這種支持。一九七〇年，我開始擔任精神科住院醫師之前的幾個月，我加入了一個意識覺醒團體。我的朋友兼大學同學凱西・莎拉之子（Kathie Sarachild）一直在美國南方腹地擔任民權工作者，她在那裡見識過眾人集結起來說出個人故事的力量。她點出意識覺醒同時是一種政治組織與科學探究的方法。在名為「紐約紅絲襪」（New York Redstockings）的團體出版的《女性主義革命》這本論文集裡，凱西寫道：「別人不敢做、不敢說的——女人實際上感受到什麼、想要什麼——我們會是敢做敢說的第一人。」[5]

心理治療辦公室的保密空間跟女權運動的自由空間有許多相似之處，而在我的病人揭露她們的祕密時，我帶著一種對女性處境的新覺察來傾聽。在我開始受訓的住院病人服務單位裡，我的頭兩位病人是認真企圖自殺未遂的女性。兩人都揭露了父女亂倫的歷史。不難看出，她們的絕望與她們早早就過起身為性對象的生活是有關聯的。我在我的日記裡寫道：「在父權體制中，父親主張有權與他的女兒性交，這就跟封建領主主張他對自己的臣民有初夜權一樣。」在我看來，亂倫像是針對女性的性壓迫範式。

完成我的住院醫師訓練後，我在麻薩諸塞州桑莫維爾的一所女性免付費店頭附設診所**工作，桑莫維爾是波士頓郊區的一個城市，當時是美國白人勞工階級（主要是愛爾蘭裔）的堡壘。就像一九七〇年代早期女權行動家創立的強暴危機處理中心與受暴婦女庇護所，這間診所是許多「反機構」之一。我在那裡看到更多有著亂倫過往的女性。我開始跟我的朋友兼同事、剛拿到心理學博士學位的麗莎．赫緒曼合作探究此事。光是在短時間內問其他幾位我們認識的治療師就收集到二十個案例。當時有本主要的精神醫學教科書，估計亂倫的盛行率是每百萬人一例。[6]這些知名權威估錯了四個數量級，刻意無視兒童虐待的普遍盛行率。我們本來絕對不敢獨自否定這些權威，但憑著我們背後的女權運動能量與熱情，還有病人把祕密託付給我們的榮譽感，我們可以變成女性現實處境的公開證人。我們決定發表我們的發現。

一九七五年，麗莎跟我把論文提交給一份新的女性研究刊物。[7]從論文被接受到發表之間延宕了一年。在那一年裡，那份論文像地下刊物那樣被影印出來輾轉流傳，很快我們開始收到

* 譯註：saltiness的另一層意義有些尖酸的批判性，在這裡的三個形容詞，都是拿第二「波」女性主義運動的字面意義開雙關玩笑。

** 譯註：店頭附設診所（free storefront clinic）是開設在藥局、雜貨店、大賣場或百貨公司裡的診所，方便社區民眾使用，免付費者則提供免費服務。

全國各地的女性來信，她們說「我還以為只有我」，或者「我以為沒有人會相信我」，或者「我以為那是我的錯」。透過傾聽女性並且敢於發表我們的發現，在長久隱藏的罪惡被揭發之際，我們成了轉變時刻的觸媒。身為臨床工作者，我們也有幸見證到羞恥與恐懼的重擔被移除時，隨之而來的解放。在我們的病人說出她們的故事，得到的是同情而非輕蔑的時候，她們的絕望被重振的希望取代，她們的孤立也被重新開展的社群意識所替換。

一九八一年我出版了我的第一本書《父女亂倫》，詳細闡述這些發現的重要性。此書追隨的榜樣是第二波女性主義者在一九七〇年代出版的一系列書籍，書裡坦露了針對女性暴力的種種面向。[8] 在我的整個專業生涯裡，我的工作一直建立在那個革命性時刻的那些初始揭露之上。[9]

同年我受邀加入劍橋醫院的精神醫學部門，這是個為貧窮與被邊緣化人口服務的公共「安全網」醫院。該醫院在不久前變成了哈佛醫學院的教學醫院，而在當時，這個新的精神醫學部門擁有新創企業的精力與創造力。部門成員都有興趣發展精神醫學照護的社群模式，並對這個領域做出了原創性的貢獻。領導團隊雖然都是男性，但很願意納入幾位似乎有些膽量的女性。在哈佛生態系裡，我肯定只有在這個地方可以找到一些自由，把我從女性解放運動中獲得的知識與智慧，帶進大抵上還對此一無所知的學院派精神醫學界。

我的同事瑪麗・哈維是一位在美國國家心理衛生研究院研究示範性強暴危機處理計畫的社群心理學家，她跟我一起運用劍橋市給予的一小筆補助金，來發展給犯罪受害者的心理衛生服務。過了一段時間，我們把這個服務建立成暴力受害者（Victims of Violence，簡稱VoV）計畫，這個中心提供臨床照護、為病人發聲倡議、訓練心理衛生專業人士進行創傷治療，還有在影響整個社群的暴力事件後進行危機處理。

在VoV計畫中，我們再度接到許多病人是承受兒童虐待、性暴力與家庭暴力長期後果的女性（也有一些男性）。我們也看到受政治迫害尋求庇護的難民。我在一九八〇年代早期也參與了一個由我的朋友貝塞爾．范德寇所組織的創傷研究小組，這個小組集結了與戰爭退伍軍人、受暴兒童、強暴與家暴倖存者一起工作的臨床工作者與研究人員。在我眼中事情變得很清楚：就像「壓迫就是壓迫」，創傷就是創傷，無論它發生在戰爭與政治的公領域，還是在性、生育與家庭生活的所謂私領域中，都是如此。在這些洞見的基礎上，我寫下《創傷與復原》，在一九九二年出版。

VoV計畫現在已經訓練了兩百多名精神科醫師、心理學家以及社工；許多人繼續對創傷領域做出他們自己的原創性貢獻。這些年來，我們已經見證到創傷辯證的開展：說出自己故事的倖存者與作為見證的專業人士結盟，推動了理解上的進步，而在此之後，社會反彈與專業限縮的時期隨之而至。現在，全球新一波意識覺醒運動宣告了女性生命、黑人生命，以及那些受到侮辱輕蔑之人的生命經驗的真相，受到這波運動的啟發，我再次回頭與這些創傷倖存者交談，她們過往的證詞塑造出我的知性與專業生涯。

在接下來的篇幅裡，我援引哲學、社會科學、歷史、法律與心理學作品，還有直接與倖存者一起工作的專業人士，像是律師、法官、倡議者、教育家，當然還有心理衛生專業人士的訪談內容。不過究其核心，我的書是奠基於倖存者自己的證詞，因為我主張她們就是（某些人開始稱呼的）倖存者正義或者療癒正義的專家。有基層自由運動壯膽，越來越多的倖存者出版了她們自己的第一人稱陳述。此外，我對許多來自不同背景的倖存者進行了沒有固定結構的深入訪談；她們透過我的各種專業社交網絡聽說了我的研究計畫，很願意跟我談談。這些了不起的女人與男人，是有著倖存者使命的人：她們能夠透過分享自己的故事，從創傷中創造出新的人生目的。某些人奉獻她們的人生，以老師、作家、藝術家、律師、社群組織者、牧師與受害者協助中心的人員（victim advocate）的身分努力防止暴力。某些人願意以真名示人；其他人則選擇以假名標示身分。我在全書各處引用了她們的受訪內容。

其中一位跟我談過的倖存者，是名叫莎拉．蘇波（Sarah Super）的年輕女性，她是一位住在明尼亞波利斯的社群組織者。她的故事同時闡明傳統司法體系能提供的最佳狀況，以及一種遠勝於此的正義視野。莎拉第一次跟我取得聯絡，是在幾年前邀請我參加一座性暴力倖存者紀念碑的破土開工儀式。她讀過《創傷與復原》，其中一章我把強暴與戰鬥比擬成年輕男女的暴力成年禮，讓她深受啟發。我寫到華盛頓特區越戰紀念碑的重要性，這裡是越戰退伍軍人得到公開認可、朝聖與療癒的地點，而且我把這一點拿來對照另一個事實：沒有一個地方有為強暴受害者設立的紀念碑。莎拉決定要促成她的城市建一座。而她辦到了。

莎拉曾遭受前男友駭人的攻擊，他在晚上闖進她公寓，持刀強暴她。事後她設法尖叫逃走，鄰居收留了她。在這個罕見的例子裡，司法體系確實照著該有的功能運作。「警方在幾分鐘內到達那裡，」她說，「我受到很好的對待。我住在一條很美的街道上，很白人也很富裕。我是完美的受害者。」強暴犯亞歷克逃走了，在一段高速公路追逐後被捕。「他也得到很好的對待，」莎拉回想道，「我常常想到他們如何逮捕他卻沒造成傷害。」她很納悶如果他是黑人的話，會發生什麼事。

亞歷克最後認罪，判刑坐牢十二年。莎拉覺得判刑的嚴重程度確認了罪行的嚴重性，因為他威脅她的性命，也因為她相信他仍然很危險，她也還是怕他：「既然先前他因為我跟他分手而懲罰我，」她說，「他可能會為了我要他負起罪責而再次想懲罰我。」她覺得受害者協助中心的人員與起訴此案的地區檢察官有充分支持她，在判刑時，她有機會說出她的故事，而且她覺得她的話有被聽進去：「在我宣讀我的受害者影響陳述（victim impact statement）時，」莎拉說明，「（法官）把她的眼鏡拿下來，她真的仔細傾聽。」

那麼，到底少了什麼？要伸張正義，還需要什麼別的？對莎拉來說，這整個經驗裡最傷人的部分，是強暴把她跟亞歷克所屬的社群，這個理應屬於自由派的社群一分為二了。亞歷克的父母過去通常很歡迎她到他們家，現在他們顯然認為自己跟亞歷克才是真正的受害者，因為亞歷克得面對刑事告訴，而他們開了一個「關懷中心」來為他組織社群支持，包括為他的辯護募款，還有用來證實他「優秀人品」的一人一信活動。在此同時，他們對莎拉不聞不問。她覺得自己被抹消了。強暴案之後幾週，莎拉選擇在明尼亞波利斯的媒體上公布自己就是亞歷克罪行的受害者。她發現她認識的人鮮少對她做出回應，這讓她再度受到傷害。「我感覺到環繞在性暴力周遭的沉默，」她說，「我看到那種沉默如何孤立受害者，保護加害者，而且容許社群以無知、被動旁觀者的身分支持強暴文化。」

這就是性暴力犯罪中發生的事。這些罪行分裂社群，因為它們坦露出潛藏支配與從屬的權力動力學。在強暴的後續影響下，莎拉說，日常的性別歧視對她來說變得無可忍受了。但在她重新開始約會的時候，她可以看出這一點是如何在文化中根深蒂固。她跟她的男性約會對象談論他們的性態度與經驗。他們全都去過在脫衣舞俱樂部舉辦的單身派對，使用色情電影、色情書刊、色情圖片對他們來說習以為常。她說，自己是有史以來第一個問起他們以某些方式參與強暴文化的人。他們以前從沒想過這點。他們看不出來有任何需要去想這個。「正義牽涉到文化上的改變，」她說，「療癒要仰賴一個年輕男性的成人禮不涉及貶低女性的世界。」

雖然莎拉並沒有從朋友與同事那裡得到許多她本來預期會有的支持，卻在許許多多分享她們故事的陌生人身上得到了。「我得知我身邊處處都有性暴力倖存者，我卻渾然不知。」她說道。到最後這讓她決定創造一個紀念碑，在這裡性暴力的現實可以得到公開確認。莎拉描述道：「我寫信給我選區的市議員（有史以來第一次），對方指點我去找我的公園委員（我本來不認識這個人），這位委員邀請我，在即將到來的公園委員會會議中發表三分鐘談話。」

身為一位技巧高超的活動組織家，莎拉邀請許多曾寫信給她的倖存者，在她對公園委員會宣讀她的三分鐘聲明時加入她的行列。因為她的領導、還有大量傾瀉而出的故事，正好發生在社會清算權勢性虐待的時刻，如今在明尼亞波利斯的一座公園裡，已經建立起一座性暴力倖存者紀念碑。這座紀念碑在二〇二〇年十月十日舉行落成典禮。發起 #MeToo 運動的黑人社群組織家塔拉娜・伯克（Tarana Burke），還有寫下《陰道獨白》的白人劇作家V（舊名伊芙・恩斯勒〔Eve Ensler〕），都在落成典禮上演講。在莎拉的預想中，這座紀念碑會是一個公共教育與「社群說真相」活動的場所。紀念碑上的其中一幅馬賽克畫是由藝術家蘿瑞・葛林所作，就是本書英文版封面的插圖。

以公開肯認向倖存者致敬的這種正義，非常不同於傳統概念上的正義。不過這種肯認對倖存者來說意義重大，因為這有助於療癒她們與自己所屬社群的破碎關係——我主張對於倖存者的正義來說，這是很根本的。如同我們最近從美國對無數南方聯盟紀念碑的苦澀清算中學到的，紀念碑確實事關重大。它們是持久的公共宣言，告訴我們，我們的社會致敬並尊重的是什麼樣的人。這些紀念碑也告訴我們誰受到侮辱與不敬，誰變得隱形——有時表現得很直接，通常是透過省略來表達。

許多南方聯盟紀念碑是在美國內戰後的反動期建立的，後來持續一世紀的私刑法與吉姆・克勞法也同樣制定於這個時期。因此，二〇一八年，黑人律師布萊安・史蒂文森與平等正義倡議計畫創建的國家和平與正義紀念公園在阿拉巴馬州的蒙哥馬利落成，是一個深具意義的時刻。這裡的非正式名稱是國家私刑紀念公園，列出四千名遭到白人至上主義者暴行的受害者姓名，向他們致敬，並且對於縱容受害者慘遭謀殺的每個社群提出挑戰，要他們承認自己未曾說出口的歷史。同樣地，一座性侵受害者紀念碑就是公開為倖存者平反，挑戰未曾明言卻自認為理直氣壯的男性至上主義。公開肯認隱藏的錯誤，在許多方面代表了朝向平等正義的第一步。

莎拉．蘇波的故事闡明了即使在傳統司法體系能提供的最佳狀況下，對倖存者來說仍舊缺乏的那種公眾肯定。不過在現實中，絕大多數倖存者從未尋得正義，甚至是傳統意義下的正義也付之闕如。莎拉得到警官、檢察官與法官的尊重與專業對待。大多數性侵倖存者則從未遇到這些公僕中的任何一位，或者即便有，她們也真心希望自己沒遇到過。警方質問她們的時候，通常像是把她們當成嫌疑犯，而不是受害者。檢察官則因為陪審團可能會有的常見偏見，而不想費心去管可能很難打贏的案子。法官通常也有相同的偏見。曾經跟司法體系交手的倖存者通常把這些狀況稱為「二度強暴」。其他從屬或被邊緣化團體的成員，都苦於類似的不正義。如同我們從黑人生命權運動中學到的，對於有色人種的警察暴力（嚴重到連謀殺都有），基本上是一種有罪不罰的罪行。現在我們該追求更好的狀況了。

這本書分成三個部分。第一部鋪陳出基礎的理論：正義仰賴權力的社會組織。在第一章與第二章，我對照兩種基本上不同形態的權力關係，一種奠基於支配與從屬，另一種則奠基於相互性與互惠性。第一種是暴政的原型；第二種，則是平等的原型。兩種形態的權力關係在整個世界跟整個歷史上都看得到，在每個層級的人類互動與社會結構中也都看得到；從愛與家庭的親密領域，到民族國家的政治領域，再到組織性宗教、商業與犯罪的國際領域中都有。第一種見諸於戰爭、征服、奴役與種族屠殺的歷史之中；第二種則見諸於人類依附與關懷的演化，還有人類力爭自由、和平與正義的歷史之中。我發展了這個觀念：正義是一種需要道德社群才能實現的道德概念，而我主張支配與從屬的關係與正義是不相容的，正義必須奠基於信任與公平的原則，這種原則只有在相互性的關係裡才找得到。

在第三章，我探究世界各地的父權體制霸權，以此為例說明暴政的規則與方法，如何能夠深深鑲嵌在社會關係的組織中。我詳述父權體制的隱藏暴力如何透過某些方式，不僅在文化與習俗中，也在法律、執法以及正義本身的結構中永久存在。我以父權體制為例，是因為就個人與專業兩個層面上，這都是我最了解的例子。我希望這個分析可以更進一步延伸，應用在一個團體對另一團體的支配深植了好幾世紀的其他情境，像是在種姓制度、奴役、殖民主義及宗教迫害的遺緒中。基於同樣的理由，我引用的大多數研究與證詞來自美國；推廣而言，我希望同樣的分析方法也可以延伸到其他國家。

第二部詳盡闡述從我那些報導人的證詞裡浮現出的正義願景。我概略勾勒出一項根本的對比：許許多多倖存者說，她們想要的是真相與修復，我們的司法體系實際上提供的，卻是懲罰與金錢損害賠償。第四章談的是公開承認真相是正義的必要開端。我為此書訪談的每位倖存者，我敢說甚至連我曾經共同工作過的每位倖存者，她們最大的希望都是得到承認與平反。倖存者希望在她們的社群裡，那些對她們來說重要的人能夠承認真相，棄絕罪行。不過這就表示倖存者必須實際上對她們更廣大的社群產生影響。這也表示她們的可信度必須在沒有偏見的狀況下接受判斷。

在從屬團體的成員挺身而出尋求正義的時候，狀況很快就變得很清楚：她們有多麼微不足道，她們的證詞又是多麼不受信任。舉例來說，不久前流行藝人R．凱利因為人口性販運與勒索而被判有罪之後，傑出的法律教授金柏莉．克雷蕭評論，這位知名的性連續犯數十年來能夠虐待無數受害者卻還逍遙法外，「理由很簡單，就是在娛樂、法律與媒體彼此重疊的世界裡，大家都被訓練成把黑人女孩與女人看成是用過就丟的。」她補充道：「如果助長虐待黑人女人與女孩的種族歧視與厭女交互作用，繼續被看成理所當然的背景噪音，我們將會錯過良機，無法糾正這個可恥長期事件背後代表的更廣泛的歷史錯誤。」[10] 正義需要的不只是讓一個特別惡名昭彰的性連續犯被定罪，而是（尤其是）糾正更廣泛的歷史錯誤。

在第五章與第六章，我詳盡闡述一個以修復倖存者的傷害、糾正更廣泛的歷史錯誤，而非以懲罰加害者為中心的正義願景。在承認既成的傷害以後，修復受損關係的第一步是道歉。這是第五章的主題。在此我對照真誠與不真誠的道歉。真誠的道歉雖然少見，卻極端地具有療癒效果，不真誠的道歉則會加重傷害。真誠的道歉通常可以導致原諒與和解，但我認為要求原諒的社會壓力也可能變成旁觀者方便脫身的路徑，以及加重對倖存者不義的陷阱。第六章探索如果懲罰不是正義的衡量標準，要求犯行者負起責任的願景看起來可能會是什麼樣子。我回顧修復式正義運動的另類理論與實踐，同時考量它的創造潛力以及它的限制。我也回顧近期某些在既有民法範圍內進行的努力，向縱容犯罪剝削女性與兒童的機構問責。

第三部發展進一步的正義觀念為療癒受害者、加害者，以及更大的社會。第七章探究倖存者平復的議題，從既有的個人金錢損害賠償概念開始，但把框架延伸出去，考量在法律與執法的實踐範圍內創造真正有補償性的服務會需要的種種社群組織。

最後兩章嘗試想像如何避免未來的傷害。如果對犯罪者的懲罰與隔離並不是正義的衡量標準，那麼就必須找到其他方式提供社群安全，並且讓犯罪者重新融入他們的社群中。第八章回顧我們對於犯罪者以及犯罪者復歸所知極少的事實。我考慮了犯罪者處遇成效的證據，目前主要只限於很少數觸法並且被法院裁定接受強制治療的人。我也強調兩種處遇之間的差異：把這些罪行理解為權力濫用並以此為基礎的處遇，跟缺乏社會理論基礎的處遇。最後，在第九章，我設想一個新的可能性：以大學校園作為實驗室，同時運用公衛與社會正義框架，發展新模型以預防性別暴力。這本書以一個充滿願景的「倖存者的目標」作結。

傾聽創傷倖存者並且見證她們的故事，一直是我過往五十年專業生涯的基礎。不過這本書也導致我漫遊進知識與思想的領域，處於距離我自己的專業領域很遠的法律、歷史與政治哲學之中。那麼，請把這本書想成是一個新手的嘗試，以倖存者的證詞為基礎，重新想像正義。倘若我們人類這充滿缺陷的物種在這個地球上真有未來可言，未來就要由其他人從這些觀念之上繼續建造了。

方法論說明

A Note About Methodology

我收集的證詞來自二十六位女性與四位男性，她們是兒童性虐待、性侵、性販運、性騷擾以及／或者家暴的倖存者。*為了找到她們，我就只是透過我的各種專業網絡放出消息，說我在找機會跟倖存者談她們的正義觀。我沒有要吹噓這個群體是普遍的倖存者代表。從族裔、性傾向、階級與地理背景這些方面來看，我招募的群體相當多元，不過平均來說她們的教育程度高於一般人口，許多人就像我本人一樣，在學術界或者專業領域工作。她們的年齡介於二十二到六十歲之間，大多數人是三十歲代或四十歲代。我並沒有訪談任何曾經參與暴力受害者計畫的病人。（那樣會違反專業界線。）我也沒有訪談任何年齡在二十一歲以下，或者最近剛被攻擊、還處於危機狀態的人；我所有的報導人都有些時間可以恢復，並且反思正義對她們可能意味著什麼。

* 譯註：一般來說，提到包括男女兩性的複數人群時，通常會使用「他們」。但在這本書裡，似乎可以稍微顛覆一下這種約定俗成的用法。除非在某些句子裡，明顯指的是男性（像是大部分的加害者），男女兼有的第三人稱複數，本書會譯為「她們」。

我的這群報導人在另一方面也是非典型的：她們之中有超過一半的人告發了罪行，並且嘗試透過刑事以及／或者民事司法體系向犯罪者問責，這種告發跟參與率，比起這類罪行受害者的平均值高出許多。有六位（百分之二十）實際上參與了導致犯罪者在刑事上被定罪的訴訟過程。如果把定罪認定為成功的標準，這比司法體系一般來說的成功率高上許多。

我的訪談方法沒有固定結構，也就是說，我只是在我的報導人分享她們的故事時，讓對話可以展開。我問對她們來說怎麼做才是（或盡可能是）對的，還有她們認為犯罪者跟旁觀者應該有什麼後果。基於受害者如此頻繁地被套入存心報復的刻板印象之中，我的確特別問到憤怒與報復情感。我也詢問她們對於原諒的觀點。對於曾與正式的司法結構打交道的人，我問了她們為何告發犯行，還有她們有過什麼樣的經驗。大多數訪談有錄音跟逐字稿；有時候我就只是做筆記。我所有的報導人都提供了書面的知情同意聲明。

二十年前，我在拉德克利夫高等研究院擔任研究員，那一年我開始了這個計畫。二〇〇五年，我在《針對女性的暴力》期刊的修復式正義特刊中，發表了一些初步發現。[1] 然後生活就以病痛的形式插手干預了，同時我搬進一個有人協助生活的社區，接著開始寡居生活，然後是為人祖母。因為所有這些理由，這個計畫被擱置了。在最近三年裡，我終於能夠回到這個計畫上。我進行了一些額外的訪談，包括重新訪談三位我在二十年前第一次訪談過的倖存者，以得知她們的觀點如何演變。在疫情期間，我差不多處於單獨監禁狀態，開始寫這本書的時機似乎終於到了。

I

權力
POWER

第 1 章

暴政的規則

The Rules of Tyranny

在創建一個法治民主共和國並確立一套制衡體系時，開國之父們設法要避免他們與古代哲學家都稱之為**暴政**的那種邪惡。他們心中所想的是單一個人或團體篡奪權力，或統治者為了自身利益而規避法律。美國的許多後續政治辯論都在關注美國社會內部的暴政問題，舉例來說，對於奴隸及女性的暴政。

——提摩希・史奈德，《暴政》1

《韋氏字典》把「暴政」定義為「有權力的人對其他人的殘酷不公平待遇」。字典網（Dictionary.com）的定義則是「獨斷或不受限制的權力行使；權威的專橫濫用」。《劍橋英語字典》講到「一位統治者或一小群人，對於他們區域或國家中的人擁有不受限的權力，而且不公平又殘酷地使用這種權力」。這三個定義的共通點，是無限制行使權力的觀念。暴政是自由、平等、人權及法治這些啟蒙概念的對立面。我在這本書裡主張，暴政也是正義的對立面。

暴政社會是由支配與從屬的規則所治理的。這些規則相當簡單：強者做他們想做的，因為他們可以。弱者與易受傷害者屈從。旁觀者滿懷恐懼地保持沉默，刻意地盲目，或者心甘情願地跟那些有權力的人共謀。抵抗者則冒著受到嚴懲的風險：毆打、囚禁、酷刑折磨或處決。這些基本規則在已確立的獨裁政權、絕對王權之中，還有受到犯罪幫派與準軍事團體統治的地域裡盛行。這些規則也盛行於奴役、人口販運與性交易的領域與某些邪教中，在家庭裡更是太過常見。在已確立的民主政體中，如果整個群體（例如婦女與有色人種）不論在名義上或實質上都被排除於完整公民權之外，這些規則也可能被應用在他們身上。在這本書裡，我主要引用的例子來自性別暴力，因為我最了解這個領域。然而我會提出這個看法：這些關於權力組織的基本觀念經過某些變化之後，也適用於許多其他的壓迫領域；在這些領域中，一個個人類群體基於種族、種姓、原有國籍、社會階級或宗教等屬性，而在歷史上落入從屬地位。

強者的規則永遠都是藉由暴力還有暴力的威脅來施行。這是權力的終極行使。既然大多數的人自然會對受到暴君的控制感到怨恨，加上有些人可能還會受到造反的誘惑，為了維持統治者的至高優勢，並且給從屬團體一個教訓，教他們自知分寸，定期訴諸暴力總是必要的。然而，統治者的暴力往往是看不見的。法律與習俗往往支持著統治團體的支配，而統治的意識形態甚至可能維持著一種和平與社會和諧的假象。針對那些被承認的暴力，統治意識形態會將之歸咎於受害者，責備是他們挑起暴力；至於那些不被承認的也就根本不需要歸咎給誰了。在這種情況下，暴力受害者沒有基本權利，也因此沒有尋求保護與糾正錯誤的手段。可能有記載成文的法律，甚至是法庭，但它們就只是獨裁者或支配團體壟斷權力的工具；因此，不存在正義。

強制控制方法

雖然暴力是維持支配的終極方法，卻不是唯一的一個；更確切地說，它是逼出順從與控制的許多強制方法之一。重要的是要去理解這些全世界都在用的方法，以了解它們對個別受害者與更大的社會造成的衝擊。一九五七年，社會科學家亞伯特．比德曼以韓戰期間中國共產黨員從美國空軍戰犯身上榨取假自白的方法為基礎，發表了一份〈強制圖表〉（chart of coercion）。在當時，這些方法被神祕化，說成是共產黨發明的某種惡魔式「洗腦」新招，比德曼費盡力氣解釋這些方法可是經過時間考驗，「警察與審問者已經用了好幾個世紀了。」[2]一九七三年，國際特赦組織發表了一份幾乎一模一樣的強制圖表，是奠基於許多不同文化與獨裁政權下的酷刑生還者所提出的證詞。[3]一九八四年，明尼蘇達州德魯斯市的一個受暴婦女計畫發表了「暴力之輪」（Violence Wheel），這個圖表描繪出施暴者最常用哪些方法來維持對伴侶的控制。輪子的中心是權力與控制，輪輻是所有的強制方法。兩份清單基本上提供了一致的證據：暴政的特徵是可以指認出來的，而無論在傳統上屬於男性世界的戰爭與治理的公領域，或是傳統上把女性框限在其中的親密關係私領域，維持暴政的方法都是一樣的。

暴力不需要頻繁使用；它只需要在派上用場時具有說服力即可。在受暴婦女權利運動中有句老話是「一頓好打夠撐一年」。一位受害者可能會這麼說：「我看到他那個眼神就知道他真的有可能殺了我。」從此之後，暴力的威脅，或者就只是他的那個眼神，可能就足以讓人表現出屈從，而她會永遠對那種眼神保持警戒。一份關於審問被拘留者的中情局手冊裡評論道：「強制的威脅通常比強制本身更能有效地弱化或者摧毀抵抗。」[4]

還有另外三種方法可以確實地迫使受害者屈從：控制身體機能、反覆無常地執行瑣碎的規則，還有給予隨機而間歇性的獎賞。睡眠剝奪可能是控制身體機能最廣為人知的方法：施虐者打斷並控制身體回應日常光暗循環的深層節奏。當然，食物剝奪是另一種。感官剝奪與使用藥物誘導身心狀態的改變，則會進一步瓦解受害者的身分意識與身體完整性。對身體的控制可能也包括對體毛、還有受害者可以穿什麼的指定規則。極端的例子（幫派與邪教、奴隸農場與集中營）可能包括刺青或打上烙印。

處於掌權位置而濫用自身權威的人也會以不那麼極端的形式使用這些控制方法。就像一位知名美國聯邦上訴法庭法官有一次告訴他的法官助理：「妳讀什麼、寫什麼、吃什麼都由我控制。如果我說不，妳就不能睡覺。如果我沒說好，妳就不能拉屎。懂了嗎？」[5] 看來他不是開玩笑的。數十年來，這個男人對麾下法官助理的虐待行為惡名昭彰，尤其是性騷擾。就連那些受託執法的人，有時候都可能偏愛暴政的規則與方法。

反覆無常地執行瑣碎獨斷的規則是為了瓦解受害者的意志，並且剝奪她的能動性。瑞秋・洛伊德（Rachel Lloyd），性販運的倖存者，她描述了皮條客是如何利用這種支配方法：

權力與控制之輪

來源：明尼蘇達州德魯斯市家暴干預計畫，www.theduluthmodel.org

> 要是皮條客用了「皮條客在上，妓女在下」(pimps up, hos down）這種說法，他的意思是他走在人行道的時候，妳必須走在馬路上。「犯規了」(out of pocket）的狀態，是指妳對妳的皮條客或另一個皮條客不敬，這話可以應用在像是直視另一個皮條客的眼睛、跟妳的皮條客意見相左、或者沒賺夠錢這類違規行為上。破壞這些規則的懲罰，從被妳自己的皮條客揍一頓，到被圍在「皮條圈」(pimp circle）*裡都有可能……規則法條五花八門——全都是設計用來瓦解一個人的意志。一開始妳幾乎不懂所有的規則，直到妳觸犯其中一條為止——當然了，遲早如此。[6]

因為受害者從來不知道自己做什麼可能會被懲罰，她被迫拋下她自己的主動權，只能遵從。在受暴婦女權利運動早期，有人把這種屈從狀態拿來跟「習得無助感」相比：實驗室老鼠無法逃脫實驗者的虐待狂式電擊而發展出的狀態。

然而，就像任何拿老鼠與鴿子做心理學實驗的學生都知道的，說到形塑行為，穩定的懲罰時間表的效果，遠比不上在相同的時間表裡扔進幾次隨機獎賞。從囚犯身上取得自白的好警察／壞警察方法就是以此為基礎。犯行者的目標不只是對他的受害者灌輸死亡的恐懼，還有允許她活下去的感激。

前四種強制控制方法對於瓦解受害者的意志相當有效。但對許多暴君來說，有個屈從的受害者還不夠；他們要的是一位心甘情願的受害者。為了達到這個目的必須破壞受害者的心志。

這時就必須用上另外那三個方法。第一個是孤立，讓她跟其他可能提供安慰支持的人關係破裂。舉例來說，施暴者通常可能會嫉妒地指控自己的伴侶不貞，不准她們再去探訪她們的朋友與家人。第二種方法是羞辱；抹黑受害者，讓她對自己產生反感，也讓她覺得別人對她有反感，並且逼迫她去做她覺得羞辱又噁心的事情。所有方法中最後也最毒辣的一招，就是逼迫受害者違反自己的道德規範，背叛或傷害她愛的人。讓最後三種方法主要奏效的方式不是引發恐懼，而是讓她們感到羞恥。

羞恥跟恐懼一樣是一種強烈的情緒，會造成難以磨滅的記憶。而跟恐懼不同的是，羞恥是一種社會性情緒，一種威脅訊號，針對的目標不是生命，而是人性的連結。這是對於拒絕、嘲弄或排斥的一種反應。這也是對於界線受侵犯、被脫光衣服或者被看見赤身裸體的一種反應。大多數人可以清楚記得極端尷尬、希望能躲起來、「爬進洞裡死掉算了」的時刻。這是尋常的羞恥。這種羞恥可以靠著友善的眼神接觸與彼此笑一個來紓解，而它的終極功能是藉由樹立群體行為規範來保護這個社群。受制於強制控制方法的人所承受的惡性羞恥屬於完全不同的等級。這裡的死亡願望不是隱喻性的，而是太過真實了。受害者感覺自己永遠都是這麼骯髒、噁心，感覺自己永遠被弄髒了。如果她們在脅迫下傷害了別人，她們通常感覺到劇烈的罪惡與羞恥，以至於相信自己再也不配活下去。

* 譯註：皮條圈是指幾個皮條客把妓女圍起來打一頓的做法。

羞恥的姿勢──低下的頭、垮下的肩膀與迴避凝視──在不同文化中都可被辨識出來。這些姿態與其他哺乳動物展現屈從的行為相當類似，而且可能根本就是以相同方式內建在生物體內。暴君與支配群體通常會要求展現這些姿態作為屈從的象徵。滾石樂團有首名曲唱到勝利征服了一個「女孩」，她必須聽命行事，而且視線必須朝下。[7]在奴役與私刑法的支配下，黑人要是沒能做出這些羞辱姿態，可能就會遭到鞭打、烙印、燙傷，或受到更糟的對待。打完之後，受到奴役的人有時會被要求跪在他們的主人面前表達感謝。就像黑人社會學者奧蘭多．帕特森所詮釋的，被奴役者展現屈從的行為傳達出一種「社會死亡」狀態，在這種狀態下，生命本身全然仰賴主子的意志恣意決定。[8]奴役制度的遺緒仍存在於「告誡」（The Talk）之中，黑人父母覺得有必要告訴自己的子女這套指示，好讓他們能夠在面對一位警官時活下來：低下頭，視線朝下，遵從指示，不要做出任何突然的動作，別爭辯或抗議，而且要輕聲說「是，長官」跟「不是，長官」。

實施與維持暴政的方法在世界各地都是一樣的。這些方法被一支祕密警力教給另一支，許多正規警力中也非正式地傳授這些方法，還會用在從屬與被邊緣化群體身上。走私毒品槍枝的組織性犯罪幫派學習這一套，人口販運與性交易中亦然，皮條客、監獄警衛、邪教領袖、家暴者、亂倫加害者用的都是這些方法。這些方法在全世界都在用，因為它們管用。

旁觀者的規則

到目前為止，我在詳細闡述暴政的規則時，只講到受害者與加害者。但要恐嚇整個群體，不必然要對所有人施加極端的懲罰。針對某些人、尤其是任何一位膽敢抗議的人施加暴力支配，反而對群體裡的其他人有警告的效果，不論從比喻上或是實際上都讓他們低頭閉嘴，還能吸收那種野心勃勃、可能會想抵抗的靈魂。暴君頻繁地在宗教、政治、軍事或明擺著的犯罪組織，還有警力中培養菁英兄弟會。這些祕密結社變成了暴君獨裁權力的打手。通常這些菁英團體有繁複的入會儀式，並在儀式中將許多強迫控制方法施加在新招募者身上，包括要求無條件的忠誠。回報是，加入兄弟會的人會學到如何讓自己也變成獵食者，並且從最後的戰利品中分得一份作為犒賞，財富與女體都包括在內。

暴政政權也在普遍大眾中培養犬儒、漠不關心與狹隘自利的態度，鼓勵人自掃門前雪，在他們的鄰人受到傷害的時候轉移視線。藉由破壞對於社群或共同利益的任何意識，統治者讓他們的從屬群眾保持孤立，置於控制之下。這些政權也同時在或小或大的規模下培養貪腐，暗中鼓勵人民盡可能設法尋求壓倒他們同胞的優勢。如同記者瑪莎．葛森所解釋的，在獨裁政權之下，接近權力是獲取財富最好的辦法，有時還是唯一的辦法，而財富又接著被用來維持權力。「少了貪腐，整個體系就無法存在，」書中寫道，「因為貪腐是它的燃料、它的社會黏著劑，也是它的控制工具。」我們可能也會把貪腐想成是一個獨裁體系的社會**溶劑**，溶掉人對於彼此還有對法治的信任。葛森補充道：「進入體系的每一個人都變成貪腐的共謀，這意味著這些人總是在某些方面置身於法律之外。」[9] 那些參與輕微貪腐的人，像是賄賂，通常會合理化自己參與這個目無法紀的體系，聲稱每個人都這麼做，只有傻瓜才相信誠實這類的公共德行。

葛森也指出，獨裁政權中的暴君跟他們的辯護者經常性地撒謊，與其說是為了否認他們的罪行（雖然這是理由之一），還不如說是肯定現實就是暴君說的那樣。面對暴君持續不斷的謊言、情感操控與宣傳口號，許多普通老百姓就只會漸漸聽而不聞。在尋求真相變得太危險或者太累人的時候，就這麼從任何形式的公共參與中撤退，只聚焦於最狹窄的私人關懷，是很誘人的。普通老百姓越是把注意力從公領域抽離，暴君從絕對權力的主張裡就得到越多，不只凌駕法律，還凌駕真相本身。[10]

活在暴政規則下的人因而面臨身為旁觀者的種種可能性。他們可以選擇變成暴君的共犯與追隨者，並獲得在貪腐體系裡積極串謀的益處；他們可以變成沉默的證人，察覺到權力的濫用，但出於恐懼或冷漠而保持靜默；或者他們可以就只是撤退到一個不知情的位置，覺得自己在任何狀況下都無力造成改變。所有這些程度的串謀都可以被合理化成只是「委屈求全」，只是接受世界就是這個樣子。人們可以同情旁觀者的兩難，因為鮮少有人會在自知可能承受哪種懲罰以後，還會有勇氣尋求真相、開口發聲，或者為了受害者而出手干預。要說「這完全不干我的事，而且我無論如何幫不上忙」，真的太容易了。

對於生活在像是美國這類民主政府之下的人來說，狀況甚至更複雜：在這些地方，暴政規則還是在不同的程度上應用在那些歷史上被歸於從屬地位的人身上，不論在家鄉還是在殖民帝國裡都一樣。歷史學家麥可・羅斯伯格創造了「牽連性主體」（implicated subjects）這個詞彙，講的是那些既非加害者也非受害者，卻又不該只是被視為「消極旁觀者」的人，因為他們不論知情與否，都從對他人的壓迫中獲益，而他們的行動或不行動，都幫助讓不平等的社會結構永久長存。就羅斯伯格看來，牽連性主體可能是「支配傳動帶」的一部分。就算他們全然不知讓暴政規則得以長長久久的暴力犯罪與強制控制方法，他們還是有道德瑕疵，因為他們享受從他人的從屬之中間接衍生出來的特權。因此，就算不是直接以見證者身分涉入，他們還是肩負著要矯正事態的社會責任。「『牽連模式』——歷史性不正義與現行不正義的糾葛——是複雜、多面向的，有時候甚至彼此矛盾，」他寫道，「但在追求正義時，還是必須正面對抗。」[11]

對於最直接受害的人來說，旁觀者——朋友、親戚與鄰居，更別提執法官員——的共謀與沉默，感覺像是深刻的背叛，因為就是這一點孤立了她們、拋下她們，讓她們獨自面對命運。倖存者或許可以接受某些人就是尋求絕對權力的獵食者或精神病態人格者這個事實。但所有那些合作的人怎麼說呢：那些縱容者、辯護者、從他人的屈從中獲益的人？所有暗中串謀的人又怎麼說：寧願不知真相或者選擇不幫忙的人、說「這不干我的事」的人，還有就只顧自身安危的人？那些責備受害者擾亂平靜的人呢？身負執行正義責任，卻跟權勢者同盟的那些人呢？對倖存者來說，這些背叛帶來的苦澀感，感覺通常甚至比加害者直接施加的傷害更深刻。這是我們會在整本書裡，反覆從倖存者的證詞中聽到的主題。

無論暴君的主張有多宏大，沒有一位暴君是全能的。沒有許多其他人的積極共謀或消極默許，暴政政權是不可能維持的。一旦旁觀者開始採取公正的立場支持倖存者，暴君的權力就開始崩塌。基於這個理由，修復暴君的傷害，首要的是要求旁觀者跟更大的社群承認他們的道德責任，並且採取行動，跟那些受傷害的人團結在一起。他們必須找到勇氣尋求並且承認真相，克服他們的恐懼與犬儒心態，棄絕暴政的罪行，並且以人類尊嚴之名與倖存者建立同盟。許多倖存者講到正義的時候，尋求的就是這種跟更廣大社群的和解。

如果暴政規則本質上是不義的，那麼就必須發明出其他讓人可以生活在社群裡、讓正義得以伸張的規則。下一章將會探索，要為正義創造一個基本道德基礎，所需的社會契約本質為何。

第 2 章

平等的規則
The Rules of Equality

我們被困在無法逃脫的相互性網絡中，被命運的無縫天衣束縛著。

——馬丁・路德・金恩[1]

正義是什麼？根據《韋氏字典》，正義意味著公正的待遇。《牛津英語字典》附議這個解釋。《劍橋英語字典》列出「正義」的同義字有「公平」（equity）、「公正」（fairness）與「無偏私」（impartiality）。《維基百科簡單英語版》延伸這個定義，稱之為「一個奠基於平等主義觀念的倫理學與法律概念：所有人都有相等的道德價值。」所以從定義上來說，正義的基礎是平等的民主原則。

在暴政之下，社會關係的特徵是支配與從屬，並且透過在第一章的「暴力之輪」圖像中所展現的強制方法來維持。在這些規則之下，有贏家跟輸家。相對來說，在平等的狀況下，社會關係的特徵是相互性的，靠著合作來維持，就像「非暴力之輪」中所展現的。每個人都可以平等的發聲；每個人都有權得到尊重與關愛；權力與責任是共享的；決定是在相互同意與妥協下做成的；爭論會透過協商來解決；關係由信任與公平原則來管理，而且受到法治約束。社群的所有成員對於共同利益與某些不可分割的權利都有共同的承諾。理想中，在這些規則之下只有贏家；每個人都將獲得自由、繁榮與安全。

就像沒有絕對徹底的暴政，也沒有完美的民主。平等原則是一種理想，從未徹底實現。在像是財富與教育這樣的社會資源中總是會有些不平等。某些關係，像是成人與兒童之間的關係，則是有著內在本質上的不平等。但民主體系中的社會關係還是力求受到相互性原則所管控，並且以合作、尊重與公平的實踐為基礎，而非靠著堅決主張權力與控制。

作為正義基礎的平等概念遵循的是一種啟蒙時代的哲學傳統，承認人類的自由權利是自明之理，並且把人類平等視為社會與治理的基礎。現代哲學家約翰・羅爾斯的論著《正義論》也遵循了這個傳統。他在這部全面性作品的第一章就寫到，正義是「社會制度的首要美德」以及「一個良序人類社會的基礎憲章」，而他提出這個命題：正義應該被理解為公平性。他主張正義即公平的觀念在概念上是合理的，而且易於直覺理解。幼童一開始在團體中玩遊戲就很容易辨識出公平的概念。遊戲規則在每個人身上都是平等的，而在自由中長大的兒童會在有任何人違反他們遊戲中的隱含社會契約時大喊：「不公平！」建立在洛克、盧梭與康德的社會契約論之上，羅爾斯教授提出看法，認為正義即公平的概念「構成一個民主社會最適當的道德基礎」。2

正義與法治，可以被理解為是在自由與平等的民主主張以及保護所有公民安全之間，取得平衡的一種方式。每個人都擁有平等的生命權與自由權，但任何人的自由權都必須在侵犯他人

平等之輪

來源：明尼蘇達州德魯斯市家暴干預計畫，www.theduluthmodel.org

權利之前止步。無人有權利強制他人屈從於自己的意志。基於這個理由，在一個正義的社會裡，法律禁止利用強制控制方法來對付其他人。暴力、威脅與騷擾皆是罪行。

接著就會出現一個問題：在有人違反法律、犯下罪行的時候，一個正義的社會如何回應？司法體系中的機構就是為了這個目的而設計的。社群的特定代表被召來執行正義：有人違反法律時，警察介入並進行調查，他們獨占了合法使用武力的權力；檢察官代表社會在法庭上呈現犯罪證據；還有法官，他們被要求公正無私地裁決法律的適用方式，並決定違反法律的人會有何後果。

這些專業人士被投注了極大、且容易被濫用的權力。基於這個好理由，美國憲法與刑法中內建了許多對犯罪嫌疑者的保護措施。不幸的是，並沒有相應的受害者保護措施來作為平衡。在執法與法律機構面前並沒有正式代表犯罪受害者的觀點。

即使在民主政體中，受害者的利益跟國家的利益都是不同的。舉例來說，美國警方有極大權力可以決定自己要多認真調查罪行以及是否逮捕嫌犯，檢察官對於是否提起公訴也有極大的裁量權。實際上，基於像是種族、社會階級與性別等性質，他們會認為某些受害者比其他受害者更值得費這些力氣。甚至在嫌犯被捕而且被控有罪的狀況下，大多數案子仍從未送上法庭，而是被檢察官與辯護律師用「認罪協商」處理掉。受害者並沒有被納入其中，在任何這類的決定上完全沒有說話的餘地；有時候甚至連被告知都沒有。如果案子確實進入到審判程序，受害者就會被迫要承受辯方律師有敵意的質問，對方會盡一切努力羞辱她、破壞她證詞的可信度。

從這種方式來看，既有的司法機構對犯罪受害者的待遇，遠遠及不上公平的理想。

傳統司法機構

暴力受害者計畫早期，可能是在一九八〇年代的某一刻，我在美國精神醫學會年會參加了一個一整天的課程。著名的司法精神醫學專家，菲爾．雷斯尼克博士講授如何以專家證人的身分在法庭做證。有時候我們的病人確實會尋求法庭上的正義（雖然並不常見），而我想知道在必要時如何有效地為她們做證。為了介紹他的主題，雷斯尼克博士在一個大銀幕上投影了一張照片：照片裡是兩群阿帕拉契山人，滿臉怒容，臉上留著大鬍子，他們的來福槍擺在膝頭，讓人望而生畏。這些人是著名的哈特菲爾德家族跟麥考伊家族，因為彼此間綿延數代的血仇而惡名昭彰。

「我們為何有法庭？」雷斯尼克博士問道。他承認，某些人可能相信，我們有法庭是為了確立真相，或者是為了給予正義。根據雷斯尼克博士的說法，這是很天真而理想化的概念。他提出的看法是，我們有法庭的真正理由是為了不靠槍枝武器來解決爭議。他警告大家，美國的法庭是充滿敵意的地方，敵對雙方為了取勝可能用上任何殘酷或威脅性的策略，只差沒有肢體攻擊罷了。

多年來，這些持槍白人男子的影像一直留在我的腦海。在我如今看來，我們傳統的法律體系確實是設計來處理白人男性之間的衝突，而且就只為了白人男性，為了這些在共和國早期就擁有公民身分的白人男性所設計。我們的法律體系起初並非設計用來補償對女性、受奴役者或原住民族所造成的傷害。事實上，法律系統通常變成造成這些傷害的積極工具。所以，女性與受奴役者的後代至今對於法律體系仍有很深的疏離感，或許也就不令人意外了。

在我們的刑法體系中，實際上是將國家，而非受害者，視為受傷害的一方；是國家，而非受害者，擁有對罪犯提起訴訟的唯一權力。這是啟蒙時代法律理論的基石，也是現代民主體制的基本前提。在這種正義概念下，實際受傷害的人在這個過程裡扮演的角色微乎其微。她的角色就只是證人。戲劇性全在於控方與辯方之間的交鋒，雷斯尼克博士把這描述為沒有武器的戰事。如同我的一位報導人，家暴倖存者瑪麗・沃爾許（Mary Walsh）所說的：「準備好面對這個事實：妳就只是『某個轉動玩意裡的一顆齒輪』，而妳最好早點學到別把事情看成是針對個人。因為妳只是一個證人，就算妳知道更多關於這個案子的事實，還是不會有人諮詢妳的意見。為了妳自己的心靈平靜，請準備好把妳對『正義』可能有的任何幻覺扔到窗外。」

為何在我們的司法體系中，犯罪受害者被分配到這麼邊緣的角色？答案似乎是因為大家預期受害者會太憤怒、太不理性、太固著於應報懲罰，所以不能信任。用當代頂尖人權倡議家阿里耶・奈爾的話來說：「在法治社會，我們說，不是由個別的受害者來報仇，而是由社會透過讓加害者承擔責任，以此展現對受害者、對受苦之人的尊重。」[3] 很少會有人質疑國家比受害者更冷靜超然也更公正的這個預設。我們就只是理所當然地認為受害者會渴求報復，而容許受害者在正義的過程中扮演任何積極角色，最好的狀況可能導致合法訴訟程序的終結，最糟的狀況則是造成無止盡的爭鬥，會有所謂正義使者自行執法。

女性及其他從屬團體的正義之怒，違反了順從與自願屈從的主流規範，總是特別有威脅性。犯罪受害者身上最不受歡迎的情緒表現就是憤怒，而主流社群最寧願忽略的就是這種情緒。一般而言，受害者激烈的義憤被視為一股具有破壞性的力量，對於被號召來糾正受害者遭遇的不公的旁觀者來說，這股力量會擾亂他們內心的平靜與安適。倫理學及法哲學家瑪莎．納思邦點名憤怒是其中一個「受害者之惡」。她確實在「向前看」的憤怒（正當地尋求撥亂反正），以及純粹應報性的憤怒（尋求以牙還牙，讓犯行者痛苦）之間做出區別，也承認大多數受害者會感受到兩者的某種混合。[4]不過，將她們的憤怒描述為一種惡行，與屢見不鮮的對受害者的羞辱太相似了，這讓人感到不安。

社會對受害者之怒的普遍譴責如此不假思索又深刻，以至於把它詮釋成一種禁忌了。作家蘇珊．傑寇比描述這種禁忌的運作，在於期待即使是最殘暴罪行的受害者，都必須在尋求補償之前先確立她們的動機純正性，首先要做個謙遜的儀式性宣言，說她們只希望得到「正義，而不是復仇」。[5]歷史上，當受害團體組織起來、呼籲大家注意針對她們的暴力時，她們被詆毀成「麻煩製造者」，且因為有想藉著暴力手段顛覆社會秩序的嫌疑而遭到迫害。在一世紀前的勞工運動裡如此，六十年前的民權運動裡如此，至今仍然如此。

事實上，受害者的憤怒，絕對跟她們的社群如何回應她們所受的冤屈有關。應報性的憤怒——我會稱之為盲目的狂怒或者被羞辱的暴怒——是人在孤獨而被拋棄給命運決定時會有的感受。報復的願望是在孤立與無助之下誕生的。在一篇名為〈復仇是酸的〉的文章裡，喬治．歐威爾解釋道：「恰當地說，沒有復仇這種東西。復仇是一項行動，是你在毫無力量的時候會想做的，而且正因為你毫無力量才會想做：一旦無能感被移除了，這種欲望也跟著蒸發。在一九四〇年，想到納粹親衛隊軍官被踹被羞辱的模樣，誰不會歡欣雀躍？但在這種事情變得有可能以後，就只是可悲而令人作嘔了。」[6]

當社群團結起來支持受害者，想報復的感受會轉化成共享的義憤填膺，這可以是修復能量的有力來源。只有在受害者追求正義的公平手段被拒時，她們的憤怒才可能惡化成無助的狂怒。法哲學家傑佛瑞．墨菲引用希臘神話，作為恰當正義基礎的故事性隱喻。智慧女神雅典娜藉由包容而非放逐，把憤怒女神（Furies）從迫害人的怪物變成和善女神（Eumenides）。墨菲延伸了這個想像，主張犯罪受害者的怨恨與義憤事實上是正當的感受，應該得到社會認可與尊重。他承認這種激情可能會過火，但他接著主張，有哪種激情不是這樣呢？[7]與其向針對受害者的常見偏見與恐懼讓步，一個真正公平的體系需要找到更好的辦法，把她們納入正義的運作中。

道德社群的觀念

法律學者羅斯．倫敦曾經從許多不同視角來看美國司法體系。在他的職業生涯中，他曾經擔任過檢察官、辯護律師及市法庭法官。在他的著作《罪行、懲罰與修復式正義》中，他提出給予犯罪受害者更大關注的正義新觀念。倫敦教授以道德社群的觀念來進一步發展社會契約論，他將道德社群定義為「受到社會互惠規則約束的人們」。[8]道德社群是從利他主義的社會生物學中衍生出來的概念，源於親屬關係網絡，並擴展到更大的社會群體，社群的歸屬感取決於信任：相信社群成員會尊重相互性的道德規範。在有人違反這種信任的時候，預期中，這個道德社群會分享受害者受傷與憤怒的感受，會動員起來幫助受害者，並且要求加害者為此負責。社群藉由這些行動肯定了受害者的歸屬感，並決定了犯行者要繼續維持成員身分的條件：讓人信服的悔罪表現，以及做出彌補的意願。

倫敦將正義的起源概念化為受害者與道德社群之間的聯盟關係——這個聯盟會團結起來，實施一種相互性的規範。他描述了當社群無法向犯罪者追究罪行責任時，所發生的信任基礎破壞與不義的感受。他寫道：「犯罪受害者的苦難被看成只是她們的個人不幸時，她們很有可能感覺被孤立，而且甚至感覺沒有得到道德社群的尊重。只有在團體共同分享受害者的怨恨與對正義的要求時，受害者才能感覺到自己恢復了在道德社群中的完整成員身分。」[9]

以信任與相互性概念作為正義與道德社群的基礎，不只在法律與哲學上很合理，在心理學上也有其合理性。發展心理學家艾瑞克．艾瑞克森在他的經典作品《童年與社會》中，描述信任是人類心理發展的基礎。在跟一位可靠照顧者建立了安全依附的基礎上，兒童發展出自主與主動進取的能力，年輕人發展出認同感，還有親密與照料他人的能力，成熟的成年人則發展出完整性。每一代兒童的生存、健康與幸福，都仰賴於他們是否有能力信任成年人的關愛與完整性。[10]

世代之間環環相扣產生一種相互依賴的感覺。儘管從權力的角度來看可能不平等到極點，嬰兒對於成人照顧者的關係還是可以被視為一種基本的社會契約，因為這肯定是一種互惠關係，對雙方都有益。嬰兒的第一個微笑出現在大約六週大的時候，會激起父母自發性的喜悅並流露出鍾愛之情，這是一種與生俱來的多巴胺反應，即使最精疲力竭又睡眠不足的父母也是如此。這些基礎依附連結形成了信任的心理基礎，這種信任又接著形成了人類社交性以及建立在公平與相互性規範的道德社群的基礎。[11]

道德社群的觀念跟倖存者的證詞特別有共鳴。我會廣泛使用這個詞彙，用來指稱個人歸屬的社群，她信任這個社群在她受傷的時候會來救她。當這種救援沒有發生，暴力犯罪的受害者會覺得自己被她的社群拋棄了，她的信任與歸屬感也深受侵犯。受害者覺得被孤立、被趕了出去。很常見的結果是一種深深的不名譽感，一種蒙羞的身分。作家香奈兒・米勒（Chanel Miller，中文名張小夏）是少數敢於告發罪行，並且經歷公開審判全副嚴苛待遇的性侵受害者，在她的受害者影響陳述中，她對法官寫道：「在報紙裡，我的名字是『失去意識的酒醉女性』，九個字，僅此而已。曾經有一陣子，我相信那就是我的全部。我必須強迫自己重新認識自己的名字和身分，了解……我並不只是一個兄弟會派對上垃圾桶後方酒醉的受害人……我遭受了無法挽回的重創。」[12]這就是我所謂的蒙羞的身分。

像香奈兒・米勒這樣的受害者影響陳述，是美國刑法最近的一項創新，是給予法律程序中的受害者更大聲音的少數設計之一。一九八二年，總統特派犯罪受害者任務小組（Presidential Task Force on Victims of Crime）首度表彰這項改革，而現在大多數的州都已經在實施這種做法：在關於案件的事實已經超越合理懷疑與證據證明，被告已經認罪或被判有罪之後，暴力犯罪的受害者得以在刑事審判的判刑階段直接發言或寫信給法官。一九九一年，最高法院判決可以採納這樣的證詞，而不致違憲。這看似是一個相當微小的包容姿態。這種做法並沒有以任何方式挑戰國家在起訴過程中的主要角色，也沒有挑戰以決定有罪與否為目標的兩造對抗制度，或者挑戰法官在判刑時的最終自由裁量權。在這所有的一切中，受害者仍然是「某個轉動玩意裡的一顆齒輪」。

儘管如此，自由派與傳統派仍都對此提出抗議，他們預期這些獲准用自己聲音說話的受害者，免不了會要求對犯罪者做出極端的懲罰。我有時候會納悶地想，用這種刻板印象看待受害者的人，有沒有實際上讀過一份影響陳述。我讀過不少。法律訴訟程序的拘謹形式與這些陳述的平凡謙遜之間的對比常常讓我感到震驚。許多陳述是手寫的。大多數作者就只是想被當成受過傷害的個人，被看見、被聽見，而不是被當成一個案件檔案號碼。她們希望身為道德社群代表的法官，能夠理解她們以及她們的家人如何受苦，她們的苦難又如何繼續。某些人提到加害者的家人必定也在受苦。在此是一些實例（名字為化名）：

親愛的法官，因為賴瑞對我做的事，讓我對每個人都很憤怒。我非常怕賴瑞。有些晚上我睡不著，因為我在想發生過的事。我希望賴瑞向我母親懺悔他對我做的事，因為我母親不相信我。我希望你給賴瑞的懲罰，符合他對我犯下的罪行。我跟律師、警方、醫師、護士都談過。我被檢查、拍照，我的尊嚴都從我身上被奪走了！我必須告訴我的孩子們我出了什麼事。一個母親要怎麼找到詞彙，符合她孩子年齡的詞彙，好讓他們能夠應付這件事？你要用什麼符合年齡的詞彙來講強暴？

庭上，自從衛斯理．B在那個晚上把我變成他的罪行受害者以後，我變得很難跟人親近、對他們敞開心胸，就怕再度被侵犯。我的家人跟我必須設法應付這個案件帶給我們的媒體曝光跟猥褻評論。我身為孩子的純真被剝奪，在一夜之間被迫長大。

批評這種影響陳述的人也假定，法官會因為同情受害者而動搖，施以過度嚴厲的刑罰（雖然結果並非如此）。[13]就他們的觀點來看，法官應該要超然於這種情緒之上。我的主張正好相反，法官是道德社群的代表，罪行一旦證實，法官就應該堅定地與犯罪受害者站在同一邊。這跟還沒按照合法訴訟程序的規則確立事實就顯得偏袒被告或提出控訴的證人，是相當不同的。在陪審團已經判定有人犯下罪行時，司法機構就必須跟倖存者結盟。只有在受害者看到處於權威位置的人已經傾聽她們的話，並且分擔她們的義憤之後，信任才得以重建。而這往往是她們主要所尋求的。

道德哲學家伯納德．威廉斯主張，為了他人感到義憤填膺的能力是重要社會連結的基礎。他把怨恨與義憤視為同理與連結的潛在來源，而非應該被壓抑的有毒激情。他解釋，人不只在自己的榮譽被侵犯的時候有能力做出義憤的反應，在他們見證到其他人被侮辱的時候也能。根據威廉斯的說法，「在一個感受的社群裡，這些共享的情緒能把眾人結合在一起。」[14]

為了療癒受害者被她的道德社群拋棄與羞辱所帶來的深刻感受，某種形式的正義是必要的。基於這個理由，追尋正義可望恢復對受害者人性的尊重，必須是心理創傷療癒的過程中相當重要的一部分。站在倖存者這邊，牽涉其中的旁觀者得以重新取回他們自己的道德立場。在倖存者放下她的羞恥重擔時，社群自己的罪惡重擔——來自先前的漠不關心，或者更糟地與加害者共謀——也可以放下了。在恢復倖存者名譽的同時，道德社群也恢復了自己的名譽。

第3章

父權體制
Patriarchy

不同文化重視不同事物；不過不管被重視的是什麼，女性都不在內。如果底部就是底部，跨越時空一眼望去，妳會在底部找到的就是女人。

——凱瑟琳．A．麥金儂，《就是女性主義》[1]

父權體制是最廣泛且持久的暴政形式。一種男性支配、女性從屬的社會體系，盛行了數千年，而且在整個現代世界的許多國家裡多多少少仍舊盛行。它跟許多不同形式的政府並存，從部落君主政體、極權獨裁政體，到像美國這樣的立憲民主政體下都有。暴政的規則與方法能以許多方式滲透一個社會，從最親密的關係到治理、法律與司法機構都包括在內，父權體制就是最好的例子。

就像其他形式的暴政，男性至上到頭來靠的就是暴力。關於這一點的資料是由聯合國各局處從國際之間搜集而來的，很有說服力。針對女性的暴力是世界上最常見的人權侵犯事件。[2]在美國，全國性流行病學普查報告屢屢指出，大約有百分之二十的女性曾是強暴受害者；十二到二十四歲之間的女孩與年輕女人風險較高。黑人、棕色人種、原住民族跟女同志的統計數字甚至更糟。[3] 其他曾做過類似研究的經濟繁榮國家也有類似的統計數字。在承平情況的國家裡，暴力犯罪者主要是受害者認識的私領域一般公民：熟人與家庭成員，而不是穿著制服的國家代理人。在戰時，強暴的盛行率就一飛沖天，因為軍隊以強暴作為征服與族裔清洗的工具，藉由侮辱敵方的女人與女孩（有時候還有男人跟男孩），作為羞辱敵人的手段。全世界各個衝突地區發生大規模強暴的歷史敘述，可以回溯到古代，這指出交戰男性團體能達到的唯一共識，就是勝利允許他們去攻擊另一邊的女人跟孩童，或者俘虜她們當成性奴。從二十世紀中期起的報告，記錄了下列國家在侵略或內戰中都有這種作為：越南、柬埔寨、印尼、阿富汗、孟加拉、緬甸、伊拉克、敘利亞、利比亞、蘇丹、烏干達、盧安達、剛果民主共和國、賽普勒斯、波士尼亞、哥倫比亞，還有最近的烏克蘭。而這絕對不是一份毫無遺漏的清單。[4]

強暴可以被視為男性至上論的指標性犯罪，純粹是為了行使權力而行使權力。這種罪行通常是由成群的男人（兄弟會的兄弟們、準軍事團體）慶祝似地舉行，性化了支配與從屬的表現，並且教女人跟女孩要明白自己的地位。強暴的盛行率如此之高，尤其是在年輕人之間，以至於一般人幾乎很難把它看作是一種偏差行為。在美國大學生回應保密調查的時候，大約四名女性中就有一名承認被強逼發生性關係，而大約百分之五到十的年輕男性承認，曾經至少有一次對女性「占了性方面的便宜」。[5] 然而強暴，儘管有種種複雜之處，不管它造成多大傷害，在某些方面都算是性別壓迫中最不複雜的形式了；因為它通常是一次性的事件，而在這種苦難結束後，受害者能夠逃跑。

其他形式的性剝削，像是性販運跟職場騷擾，牽涉到反覆的侵犯。這意味著它們建立了一種強制控制的關係，讓受害者很難逃脫。對身體報復的恐懼、經濟上的依賴，或者兩者兼有，都可能會困住她。在受害者試圖欣然接受的順從表現，同時隱藏自己仍然反抗的某些部分時，這樣的關係就開始讓受害者的人格變形了。還更複雜的是那些家暴關係，其中愛的表達裡充斥著對服從的要求，受害者可能也同時在經濟上依賴著加害者，加害者與受害者甚至共住一個家中、一起養育彼此的小孩。在這些處境下，遭到脅迫的受害者可能變成消極或共謀的旁觀者兼受害者。舉例來說，受暴婦女有時候可能過於驚恐，以至於目睹子女受暴的時候也不敢介入，甚或可能責備子女挑起暴力。我們會在這本書接下來的內容裡聽到這樣的故事。暴政方法就是這樣迫使人去違反自己的道德規範，並且背叛她們所愛的人。

所有性虐待形式中最複雜的，是兒童與青少年受害的狀況。這也並非罕見事例。根據美國疾病管制與預防中心的調查，在美國，大約每四名女孩裡就有一名、十三名男孩裡就有一名，曾經歷性虐待。[6] 對女孩與男孩來說，絕大多數的虐待者都是她們認識與信任的男性：家庭成員、老師、運動教練及宗教領袖。在一項隨機取樣九百位成年女性的調查裡，百分之十六的人回報童年曾被一位親戚性虐待，百分之四點五的人則回報被父親或繼父虐待。[7] 可能有人主張，這些美國資料反映出傳統父權體制習俗在寬容放縱的墮落文化中崩潰了；但事實是，與父女亂倫關聯最強的，就是父權暴力。[8]

將暴政方法運用在成年人身上，可能破壞受害者的心志，運用在兒童身上，則會造成破碎的身分認同。當施虐者正是孩子賴以得到保護與照顧的對象時，她早早就學到聲稱愛她的人會傷害她，而受傷害就是愛的代價。像這樣信任與安全依附關係在人生早期就被侵犯，會損及融貫的自我感受的形成，那本該在空間中體現、在時間中持續，並使人感覺自己值得被愛。倖存者可能會說出像是「我不存在」、「我的身體不屬於我」這種話，或者可能無法在鏡子裡認出自己。

臨床上將這些狀況稱為自我感喪失（depersonalization）或現實感喪失（derealization）的解離經驗。神經生物學研究顯示，經歷童年受暴與被忽略的倖存者，她們的大腦中通常互相連結以形成自我覺知基礎的部分，就像字面意義所說的「失連」了；這些連結涉及對身體的覺知、對情緒的辨識、對過往記憶，以及對未來可能性的感知。[9] 法國作家凡妮莎．史普林戈拉（Vanessa Springora），一位被知名文學家性虐待的倖存者，她用這些話來描述她的經驗：「我消失了，蒸發了，溜走不見了。就好像我的靈魂從我的皮膚毛孔中流失。」[10]

受暴兒童長成大人的過程中，這些延續性的傷害破壞了她形成信任、親密與相互關係的能力。這些傷害也損害了她保護自己的能力，讓她很容易反覆受暴。我的好友兼同事，精神科醫師同時也身為研究者法蘭克．普特南領導的一項研究，追蹤了一個包含八十四名受暴女孩的群體超過三十年，從兒童保護服務首次確認有虐待發生（這些女孩當時平均年齡是十一歲），一直延續到現在為止，其中許多人已經有自己的小孩、甚至孫兒了。這些小孩在青少年與年輕人時期過得很糟。她們比同儕更有可能在青少年時代就懷孕、輟學，被診斷出像是憂鬱症、創傷後壓力症與物質濫用這類嚴重的心理問題。企圖自殺很常見。[11]

童年受暴倖存者也極度可能變成強暴、性販運或親密伴侶暴力的受害者。[12] 對她們社群裡的大多數人來說，她們可能是隱形的，不過看來她們很容易被獵食者盯上。如同一位皮條客解釋過的，他描述他招募年輕女子下海時找的是什麼：「美貌，對。專業性技巧：稍有就好。那種東西教起來比你想的還容易。最重要的是順從。而你要怎麼得到順從？你去找那種曾經跟自己老爸、自己叔叔伯伯、自己兄弟上過床的女人——你知道，某個她們又愛又怕又不敢違抗的人。」[13] 女性主義作家安德莉雅．德沃金描述亂倫是賣淫的「新兵訓練營」。[14]

這些是從女性的壓迫中誕生的疾苦。其中一些重擔代代相傳。[15] 任何曾跟受暴兒童或成年倖存者工作過的人，都接觸過把支配視為男性應得權益的家庭，虐待在這種家庭裡一代傳一代。在本書接下來的部分，我們會聽到某些在這種家庭裡長大的倖存者現身說法。然而幸運的是，有很好的證據指出大多數兒童虐待的受害者，不分男孩女孩，都沒有虐待她們的孩子。[16] 許多人下定決心，「虐待循環」會在她們這一代終止。對許多人來說，這會是她們力所能及的唯一一種正義。對於她們的施虐者，任何形式的問責都還做不到。

有罪不罰

許多層次的習俗、保密與否認，都在為父權的罪行辯護。實際上，它們是有罪不罰（impunity）

的罪行。最近的一份聯合國報告使用了這些詞彙來描述問題：「在針對女性的暴力這方面，世界各國都沒能完整實踐國際標準……國家沒能夠對暴力加害者問責，不只是鼓勵了進一步的虐待，也傳達出『男性對女性的暴力是可以接受或正常』的訊息。」[17]心理學家同時也是倖存者的珍妮佛・弗雷（Jennifer Freyd）講到「體制背叛」（institutional betrayal），以此描述倖存者的這種經驗：向權威尋求補償卻徒勞無功，甚至不敢尋求補償，因為她們知道追求正義只會讓她們的處境變得更糟。[18]

舉例來說，在美國，強暴名義上被認為是一種嚴重犯罪，是重罪（felony）。然而在大多數例子裡，受害者太害怕或太羞恥，起初無法告訴任何人，更別說是向警方告發罪行。她們覺得羞恥，是因為普遍的社會態度認為受害者是「自找的」，而她們很清楚覺察到警方可能也有這種態度。在美國，研究估計被通報給警方的強暴事件不到百分之二十。[19]那些確實報警的受害者，鮮少找到幫助或慰藉。《大西洋雜誌》最近刊登了一篇二〇一九年的特別報導，當作「正義現身」（The Presence of Justice）計畫的一部分，這篇文章標題是「不信任的流行病」，記錄了有人告發性侵以後，執法單位後續處理不及格的所有方式。最該受譴責的證據就是有成千上萬沒被測試過的「性侵取證工具包」——醫院急診室從受害者身上取得的精液樣本——被留在警方倉庫裡積灰塵。[20]除了這份表現出漠不關心與忽視的實質證據以外，記者芭芭拉・布萊德利・哈格提還記下了警官之間普遍而頑固的信念：大多數強暴通報就是不可信。她描述了「一條沙文主義的地下河流，在那裡一樁強暴案的命運，取決於警探對受害者——而非加害者——的看法」。

會被通報給執法單位的案件已經是少數，其中會導致逮捕、起訴與定罪的案件甚至更少。在最近一份對於刑事司法體系的案件損耗所做的回顧中，估計在所有強暴案裡，或許有百分之一到五實際上會被起訴，而所有強暴案中達成認罪或定罪的比例是〇到百分之五。[21] 兒童性虐待的告發率從一開始就極低，所以在相對程度的案件損耗之後，基本上可以確定結果就會是有罪不罰。跟性侵受害者共事，在刑事司法體系中為她們指引方向的律師珍．曼寧寫道：「我一次又一次見證到這種失敗。我所服務的倖存者向全國各地的執法單位告發性侵，結果只發現調查人員依照慣例在以下幾項通通不及格：適當的受害人訪談、取回可提供證據的錄影片段、訪談關鍵證人、調查加害者的背景以看出他是否犯過類似的罪行、保存相關的數位或書面證據，或者是進行其他基本的調查步驟。」[22]

曼寧補充說明，在調查人員沒能恰當追查強暴案的狀況下，檢察官接著就會拒絕跟進這些案件，理由是證據不足。對於約會強暴或熟人強暴的案件（這兩類是強暴案件的大宗），如果受害人不符合「無辜」的刻板印象——也就是說，她們不是年輕、白人、金髮、外表端莊的處女——檢察官也傾向於拒絕。檢察官合理化這種選擇的理由是陪審團會對最「完美」受害者以外的人有偏見。檢察官的成功程度是根據他們的勝訴率來判斷的，既然贏得強暴案不是十拿九穩的事，許多人都會避免冒險，就算他們認為受害者的指控很有理由。受害者在這件事情上沒有置喙餘地；如果警方沒做到充分調查，或者檢察官拒絕讓這個案子上法庭，她根本求助無門。所以，從實務上來說，我們的刑事司法體系全然無法把強暴與兒童性虐待案件當成嚴重犯罪來處理。

作家米雪兒・鮑德勒（Michelle Bowdler）在她的回憶錄兼宣言《強暴是一種犯罪嗎？》裡，同時描述她自己的案子如何被無視，還有執法單位普遍來說是如何忽視性侵案件。她寫道：

> 如果寫下或者被責成要執行我們的法律的大多數人，都把強暴等同於性而不是暴力，而且還將性視為一種不容挑戰的男性需求，那麼強暴……就會繼續是一種必須付出的後果極少的犯罪。強暴與性侵反而被塑造成意外事件、誤解，還有不懂自己必須按照哪些規則過活的女人（與孩童）的幻想；規則之中就包含「必須放過加害者」。[23]

請注意「誤解」這個詞彙。這個詞彙會在這整本書裡一再出現。在女人敢實際開口為自己出頭的時候，這是他人最常用的辯詞之一。

少數實際進入法庭的案子，受害者可以預期在兩造對抗制度裡會有一場拖拖拉拉的磨難，這個體系在她們最需要關心與社會支持來療癒的時候，會要她們承受充滿敵意的公開審視。法律程序的要求看來近乎完美地設計成會讓創傷後壓力症狀更加嚴重。受害者需要確立對自身生命的權力與控制感；法庭則要求她們服從她們可能無法理解、也完全無法控制的一套複雜規則與官僚程序。受害者需要時間恢復；法庭卻設定了追求正義的時間表，這個時間表反覆撕裂她們的生活，通常一拖就是數月甚或數年。受害者需要機會以自己的方式說自己的故事；法庭則要她們在證人席上回應檢察官一連串直接的提問，然後承受來自辯方律師的交叉質詢。受害者通常需要控制或限制自己不要接觸太多與創傷有關的特定刺激；法庭卻要她們很詳細地重溫她們的經驗。受害者通常恐懼直接與她們的加害者互動；法庭則要求她們跟被告當面對質。因為所有這些理由，性暴力受害者很常把她們與司法體系的接觸說成是「二度強暴」。[24]

在刑事法庭上，被告在被合理的懷疑證明有罪以前，都被預設是無辜的。刑法的這兩個基石——無罪推定原則與非常高標準的證據需求——設計的目的，都是為了讓正義天秤有利於刑事被告這方，認可了個別公民與國家之間巨大的權力不平衡。但卻沒有同等地考量在法庭裡做證的受害者，她們的安全與福祉，儘管在受害者與加害者之間往往就是存在非常真實的權力不平衡。許多受害者會拒絕做證，是怕加害者、他的朋友或家人會報復。其他人拒絕，則是因為她們知道在法庭裡等著她們的是一個羞辱劇場。在強暴案裡，被告的無罪推定通常會轉譯成一種簡單的預設：指控者在撒謊，受害者通常會感覺在接受這場審判是她們，而不是加害者。基於這一切理由，刑法正義的形式結構，實際上是將多數受害者拒於門外。

倖存者需要從她們的社群得到的不是懷疑與輕蔑，而是承諾會以開放的心胸、帶著關愛與同情，來傾聽她們的故事。當然會有誣告這種事，但在性侵方面這種控訴很少，是大眾的想像極度放大了對這種狀況的關注。[25]假定「高喊強暴」的女人必定在撒謊就只是一種常見的性別偏見。倖存者希望以她們自己的無罪推定，來平衡正義的天秤。

創傷倖存者在法庭上有個進一步的不利之處，因為她們通常很難用連貫的方式條理清楚地講出她們的故事，在充滿敵意的質問之下尤其如此。這是因為創傷記憶不像普通記憶。[26]在衝擊發生的時刻，人通常會進入一種意識麻木狀態，技術上稱為解離。這種經驗感覺很不真實；人可能覺得時間慢了下來，還覺得脫離了自己的身體。在這種改變狀態下，留下的記憶是片段的，缺乏尋常敘事的邏輯。倖存者可能有強烈而痛苦的閃回記憶，會想起像是氣味跟聲音這樣的感官細節，對於像是時間跟地點這種定向性細節卻只有少量記憶，或者根本沒有記憶。可能會有片段時間的部分失憶，甚至是完全失憶。這些有詳細研究紀錄的記憶混亂，是許多混淆的來源。這些混淆通常導致倖存者懷疑自己，或者恐懼自己會失去理智。記憶缺損也經常被用來攻擊倖存者的可信度。事實上，這種混亂跟創傷事件的真實陳述是完全一致的。[27]

許多關於性侵的常見偏見，顯現於二〇一八年美國參議院對當時被提名為大法官的上訴法庭法官布雷特・卡瓦諾進行的同意權聽證會中。在這些聽證會裡，心理學教授克莉絲汀・布雷西・福特（Christine Blasey Ford）做證指出，被提名人及他的朋友多年前還是青少年的時候，在一場無人監督的派對上企圖強暴她。她的證詞遭人懷疑，因為她無法提出事件的確切日期，或者明確指出派對的地點。她說，她最清楚的記憶，是那些喝醉了攻擊她的人的**笑聲**。這兩個字捕捉到了那種羞辱感：她知道，對於那些把她按在床上、摀住她嘴巴、讓她害怕性命不保的男生來說，這件事**很好玩**。

在投票同意任命卡瓦諾法官時，一位參議員解釋，她覺得福特博士的證詞完全可信，儘管如此，她還是認為被提名人有權得到「無罪推定」。她的陳述顯示出一種對於法律的常見誤解，而一位負責制定法案的參議員當然應該要知道並不是這麼回事。無罪推定只適用於刑事審判。卡瓦諾法官並不是法庭上的刑事被告。他的自由權並未受到威脅。對於他是否適合晉升到美國最高法院的判斷，應該立基於徹底而公正無私的調查之上。被提名人的支持者與做證他不適任的人的聲音應該得到同等尊重且沒有偏見的傾聽。

實際上發生的狀況並非如此。卡瓦諾法官照著他的前輩，克萊倫斯．湯瑪斯大法官（被指控性騷擾，他對於自己的參議院聽證會曾做了個有名的比喻：「高科技私刑」）的劇本走，讓參議員們看到一個暴怒、口沫橫飛的DARVO表演，這個頭字語是心理學家珍妮佛．弗雷所創，代表「否認（Deny）、攻擊（Attack）、對調受害者與加害者（Reverse Victim and Offender）」。看來很明顯，可能失去不應得特權的人叫得最大聲。被提名人及其有力支持者（包括總統在內）展示的怒火嚇到了參議院，參議院放棄了進一步質問，倉促同意了他的提名。讓兩個受到可信指控、性方面行為不檢的犯罪者成為大法官的這種反諷，倖存者們可是都注意到了。人們很可能會認為這兩位大法官根本就是父權體制有罪不罰的活生生的例證。

兩個女孩的個人不幸

在受害者、加害者與旁觀者的三角關係中，有罪不罰意味著旁觀者實際上與加害者站在同一邊，社會與法律的壓力迫使受害者處於孤立狀態。罪行不只是讓受害者跟侵犯她的加害者疏離，也讓她跟懷疑她是否誠實的人、責備她甚於加害者的人、或者選擇假裝沒看見的人疏離。面對父權體制根深蒂固的力量，道德社群最常見的狀況就是無法伸手幫助受害者，讓她獨自從她的「個人不幸」中盡可能地好起來。暴政就是如此得以永久存在。

《幸運的女兒：一部和解回憶錄》作者蘿西．麥克馬漢（Rosie McMahan）成長於麻州的桑莫維爾，這是一個位於波士頓市郊的白人勞工階級城鎮，她在書中描述了在施虐父親的暴政下，一個既是受害人又是見證者的小孩遭受道德社群背叛是何種感受。她如此描述她父親，「長腿的魁梧男人，是個有加入工會、工時很長的卡車司機」，是個性格複雜的人；他有時會帶她跟妹妹們去美妙的戶外冒險之旅，向他的城市女兒們介紹大自然，但在其他時候，特別是在喝了酒以後，可能就會變得非常暴力，家裡誰也躲不過，甚至連她們嚴重失能的弟弟都無法倖免。他挑出蘿西作為他性虐待的對象，也是偏愛的對象，讓她母親跟其他妹妹都怨恨她。他命令人經常都是用吼的，期待他人毫不質疑地遵從，家人一方面活在被他攻擊的恐懼之中，一方面又總是在安撫他。

蘿西首先覺得被她母親背叛：「我真希望媽會直接起身反抗他。我為了許多事情厭惡她，包括她讓他時時刻刻告訴她要做什麼，還有該怎麼做。」第二層背叛則是體制上的。蘿西描述了某次她撥九一一（不是第一次了）時的一起事件。她的妹妹魯莽地對她父親回嘴，然後就被打了。「如果你們現在不馬上派警察來，我家就有人要被殺了。」她如此懇求的同時領悟到這正是她所害怕的。兩名桑莫維爾警局的警官來了。蘿西從前廊底下的躲藏處，看著他們進入屋內，對於他們身上代表市政當局的佩章印象深刻。她想像如果她「手中有把武器，戴著警徽，穿著厚底鞋走路」，會覺得更有自信得多。

然而，這些警官拒絕逮捕父親，就算他們看見她妹妹臉上都是血。他們反而跟她父親進行了友善的「男人對男人」閒聊，之後一位警官警告這些女孩：「我們會讓妳們的父親留下，有一個條件。妳們這些孩子應該更聽他的話。他叫妳們做什麼事，第一次叫的時候妳們就要照做。」從躲藏處出來的蘿西抗議這位警察不懂。「不管我們做什麼，我爸都會變成這樣。」「小姐妳給我聽好，」警官罵道，「就是妳這種態度，讓妳跟妳的家人一開始會搞成這樣。」在他們離去時，她感覺到無權力者的那種無助狂怒。「他們應該知道不是這樣。他們本來應該保護我們。他們是爸唯一會聽他話的對象，因為有法律站在他們那邊。我們有什麼？我們只是他的小女兒，爸的財產，隨他想怎麼處置都行。」[28]

不知多少年來，國家體制就是這樣寬宥且支持父親們的統治。孩童就是這樣學習到暴政的規則，這種教訓難以忘懷。

對黑人兒童來說，第二層的連鎖暴政——數世紀的奴役深植的遺緒與吉姆．克勞法，我們現在稱之為系統性的種族歧視——更加重了這些教訓。警察對付黑人男女的致命暴力，只是壓迫性刑事司法體系最明顯的症狀之一，這個體系慣例性地騷擾並危害黑人，把高得不成比例的人送進監獄裡。[29]在許多黑人社群裡，警方會被看成像是占領軍，而不是保護的來源。這表示對於受暴婦女與兒童來說，報警求助是完全不可想像的。蘿西．麥克馬漢很震驚地發現警方跟她父親站在一邊，責備她跟妹妹們挑起他的暴力。許多黑人女孩可不會震驚；她們從一開始就怕報警了。

作家兼紀錄片導演艾莎・莎希達・西蒙斯（Aishah Shahidah Simmons）最近編了一本合集，收錄黑人女性談論黑人家庭與社群性暴力的證詞，書名叫作《有責之愛》。這本書開頭是她自己的證詞，在其中她描述她被祖父性虐待的童年經驗。她父母都是專業人士，為了追求公民權與人權理想而有繁重的工作。他們的工作包含大量出差，而在他們出門時，仰賴艾莎父親這邊的祖父母照顧她。艾莎很愛她的「阿公」，不過她痛恨他在晚上偷溜到她臥室裡，對她的身體做出的事情。她描述她對祖父的感覺是「一個痛苦的大難題」。

就像蘿西・麥克馬漢，艾莎首先覺得她被母親背叛了。在她揭露她祖父在做什麼的時候，她母親一開始拒絕相信她。艾莎流了許多眼淚，堅持說法。她母親終於相信艾莎說的肯定是實話以後，告訴了她前夫，也就是艾莎的父親，他說他會私下跟他繼父談談，解決這個問題。她父母沒有做出其他干預措施，預設這個問題解決了，又繼續出差，虐待則繼續下去。艾莎的母親警告她，她絕對不能告訴她祖母，因為「這會讓她崩潰」。

這個警告讓艾莎處於一個想像中她有權力與責任的位置，但事實上權力跟責任都屬於加害者這方。這個警告也在她跟她摯愛的祖母之間放下了一道沉默的柵欄，因此確保了她祖母絕對無法成為保護的來源。在她長大後，有許多年她被期待要裝得像是什麼事都沒發生過，在生日與假日去拜訪她祖父母。她回想道：「為了維持家庭忠誠，我竟然做得出那些心理上的特技表演超過三十年的時間，這讓我自己相當震驚。」而她也不禁納悶：「要是我父母有向他追究責任呢？」

她母親，關多琳．柔哈拉．西蒙斯（Gwendolyn Zoharah Simmons）博士，在同一本合集的下一章裡掙扎著要掌握這個事實：她從來沒有介入保護她的孩子。她坦白說，她沒向自己承認，她合理化了她的社會正義工作比任何其他事情都重要，甚至超過她女兒的安全。這是她在黑人自由運動早期已經學到的一課，當時她身為民權工作者，必須擊退一位企圖強暴她的「同志」。她從來沒考慮過要去找警察，但她確實向他們組織（學生非暴力協調委員會）的領導階層告發了他。領袖們把她的控訴當成瑣事打發掉，還斥責她竟然在這種時候把這件事拿上檯面來說——當時他們全都在冒著生命危險，要在美國南方腹地登記為黑人選民，挑戰三K黨的暴政。在他們看來，問題不在於運動中的其中一位「兄弟」企圖強暴她，而在於她抵抗了，他們最後就只是告訴她：「妳應該給他一點甜頭。」

西蒙斯博士因此確實學到了男性應得權益的教訓：這是父權體制永遠的規則。雖然她跟她的「兄弟們」一樣有勇氣，也分擔了他們的危險，她的身體仍然歸他們處置。悲哀的是，就像解放運動裡經常發生的，試圖克服一種暴政的努力，卻以屈從於另一種為代價。這些規則她實在內化得太好了，以至於在多年後背叛了自己的女兒。

關多琳．西蒙斯對於自己的共謀充滿悔恨的公開自白，就是許許多多倖存者渴望從旁觀者身上得到的那種承認、道歉與彌補的一種模範。她承認她自私地想讓艾莎「忘記這件事，不要擾亂這個快樂的家庭」。她承認她那時不理解她對女兒造成的巨大傷害。她承認她對自己多年來毫無行動感到震驚與羞愧。她對她造成的傷害感到哀痛，而且很感激她女兒甚至在憤怒之中，還是堅持追究責任而非徹底斷絕關係。在結論中，她寫道：「我只能祈求她原諒我，同時祈求我繼續從她的例子裡學習。」艾莎接著表達對她母親的感激，謝謝她分享自己的故事，並且公開負起她的責任。[30]

整體而言，供稿給《有責之愛》的女性們所想像的這種正義，是以倖存者的需要、還有療癒受害者與家人及社群之間受損的關係為中心。她們也在尋求一種方法，可以牢牢限制犯行者的行為，卻不是監禁他們，或者把他們當成怪物看待。雖然大多數人希望有她們所說的「刑事不正義系統」(criminal *injustice* system)之外的選擇，她們也理解這種選擇有待實現，進而呼籲更廣大的道德社群來幫忙創造這種選擇。

在本書的第二部，我們會更深入傾聽倖存者的聲音，由她們帶領我們走向更上一層樓的正義願景，尋求結束父權體制有罪不罰的狀態，並且將尊重與公平的療癒原則擴延到每一個人身上，甚至延伸到傳統上屬於從屬階級而被輕視的人。

II

正義的願景
VISIONS OF JUSTICE

第 4 章

承認
Acknowledgment

倖存者告訴我們她們想要什麼。我們應該傾聽。

——亞麗珊德拉・布羅德斯基，《性之正義》1

倖存者正義中的第一條規則，就是讓社群有承認有人做錯事的欲望。這在直覺上很合理。如果祕密與否認是暴君的第一線防禦，那麼公開說真相就必須是倖存者抵抗的第一個行動，而肯認倖存者對正義的訴求，必須是道德社群的第一個團結行動。

紐約基進女性主義者組織的「第一回公開為強暴發聲」（The First Speakout on Rape），在一九七一年舉行。在那裡，倖存者公開發表的證言創造出一種新的開放法庭，在這個法庭中，不再認為針對女性的暴力是**個人不幸**，而將其視為一種長期被隱形，而且心照不宣被寬宥的刑法不正義。倖存者不會感到羞恥，她們透過理直氣壯的憤怒來宣告她們的故事，集體挑戰了更廣大的社群，要它們承認長期隱藏的真相。五十年後，當倖存者組織起來的時候，此事仍然是她們的首要要求。二〇二〇年，來自Me Too國際組織（Me Too International）的妮基塔・米契爾用下面這番話，歡迎大約一萬兩千位倖存者參與線上會議：「全國各地、全球各地的倖存者已經踏進來，點名說『我，也經歷過性暴力』、『我，也應該得到正義』、『我，也應該得到擁有完整尊嚴與人性的生活』。」

在這一章以及接下來的各章裡，我們會聽到倖存者們的聲音，她們極其慷慨地與我分享她們的證言。在我們的訪談裡，我請她們想像，如果她們有完整的自由可以決定應該做什麼，正義看起來可能像什麼樣。她們希望從更廣大的社群裡得到什麼？她們希望從犯行者身上得到什麼？不意外的是，回應相當多樣，然而在她們對正義的願景中，浮現了共同的主題：首先需要的是完整的肯認，然後是透過道歉與究責來修復傷害。這些是第二部會詳細闡述的主題。

倖存者們接受我的訪談，談論她們的正義之夢時，一致同意首要重點如下：**她們要真相為人所知**。一位長年家暴的倖存者（在此只以她的姓名縮寫表明身分，ＥＲ）簡單地說道：「我只希望大家知道他是什麼人，他對我做了什麼。這是他對另一個人類做的事！」她也想要他面對他做過的事。「他會說那是謊言，還真的會相信就是這樣。他不讓自己知道他做了什麼。坐下來！你必須聽到你做了什麼！」

許多其他倖存者也覺得，必須堅持擺在第一位且最重要的，就是簡單地承認她們的人性。凱特・普萊斯（Kate Price），這位女性研究學者是亂倫以及兒童性販運的倖存者，她描述她想過付錢使用她身體的男人們應該發生什麼事：「那些性買家是卡車司機。他們覺得服侍他們是女人的工作。我不想跟他們扯上任何關係。我永遠不想見到他們——他們讓我起雞皮疙瘩。但我會要他們聽到我的話：『我是個活生生的、在呼吸的人類。我不只是一副身體。』」她，也希望她的施虐者必須坐下來傾聽，而她要他們公開承認他們做了什麼。「我想讓他們聽到所有他們傷害過的其他孩子說話。我想讓他們的家人也知道。也許這些男人會需要寫封信給他們的家人，告知他們真相。」在她心中，陽光是朝向正義的第一步。

許多倖存者尋求要承認真相的不止是加害者，也有積極或消極共謀的旁觀者，有時候這種承認感覺上就像加害者的自白一樣重要，甚或更加重要。舉例來說，普萊斯博士希望賓州鐵鏽帶更廣大的社群知道兒童與青少年性販運的真相，她是在當地長大的。「我們的文化助長此事，」她說，「這是我們孕育出來的。在阿帕拉契文化裡，妳理應貧窮，要安於現狀，還要喜歡現狀。有個剝削的模式在。」她看不出懲罰那些付錢買她身體的男人有何意義（雖然她確實希望把她賣掉的父親受到懲罰），就算他們必定知道她未成年，又被下藥而無力反抗。「就算我們明天就把所有買家關起來，還會有另一個世代，」她說，「所以我們需要大規模的承認。我們需要國家權威創造出一個特殊法庭，受害者的證言在那裡是重要的。」

大規模的承認不但意味著指認出個別犯罪者犯下的罪行，也意味著指認出所有縱容犯罪者的共謀。舉例來說，二〇〇三年《波士頓環球報》的聚光燈調查，第一次揭露天主教教會中的無數起兒童性虐待事例，一群倖存者集結起來寫下一份詳細的宣言，標題是「對波士頓總教區的改革呼籲」。他們的第一個要求，就是要教會聖統（church hierarchy）* 「承認他們的罪責與罪過，

* 譯註：這是天主教教會各個階級的正式總稱。

他們故意把戀童神父從一個堂區調到另一個堂區，結果額外導致不計其數的兒童受虐」。他們進一步要求這種承認必須以書面的方式公開提出，並且要教會明確說明「受虐不是受害者的錯，羞恥只歸於那些施虐者還有掩蓋真相者」。[2]就像我的報導人們，這些倖存者也想要所有牽連其中的人承認，這些權力濫用是如何深植於他們傳統的制度之中。（我們會在第六章裡得知這種改革呼籲的更多後續。）

除了承認赤裸的事實之外，倖存者也希望傷害得到承認。加害者的第一線防禦傾向於否認事實，雖然有些人在面對證據的時候會承認事實，同時卻又會盡可能降低事實的重要性，或者根本一筆帶過。這叫作「又沒什麼」防禦：為什麼她要這麼大驚小怪？為什麼她這麼假正經？她根本沒有幽默感。這真的只是個**誤會**。此外，事情已經結束了。為什麼她現在還要提這個？現在大家都該往前看了。某些加害者似乎完全願意承認他們做過什麼，但沒察覺到他們的受害者受傷了，不然就是根本不在乎，還責備受害者要抱怨。

「蘿絲」現在是一位刑法教授，談到多年前曾被強暴，當時她還是大學生。她在一個派對上喝醉了，必定是昏了過去，因為最初她對事件毫無記憶。話傳了開來，而她首度得知發生什麼事，是從一位前男友那裡聽到的，他很氣惱她跟強暴她的男生「睡了」。「我甚至有很多年沒把這當成強暴。」她有幾分困惑地承認。加害者是她高中時就認識的某個人。「我那時不認為他是個糟糕的人。」她說。所以她打電話直接問他。讓她詫異的是，他沒有否認。他反而很奇怪地用陳述事實的口吻說：「喔對啊，妳真的不省人事。」她描述：「他全無歉意。」

不只有犯行者對她毫無同情。在被強暴的第二天，她去就醫，因為她很痛，而且發現膀胱有點感染。「肯定是很粗暴的一晚。」醫生這麼說，露出不懷好意的笑。「意思就好像『妳活該得此下場』。」蘿絲這麼評論。

倖存者不想讓她們的傷勢被當成芝麻小事或者被人嘲弄，她們也不想因此被人責備。她們不想被輕描淡寫說成太情緒化，或者被人告知要「克服這件事」。她們想要她們的社群認可並且尊重她們的苦難，同時並且承認她們承受傷害的嚴重性。作為個人，她們希望構成她們道德社群的那些人能聽見她們，相信她們，認可她們受到傷害，並且提供幫助與支持。作為一個群體，她們想要更廣大的公眾認可倖存者無處不在，而性暴力是一個重大公衛問題，不只是個人不幸。

舉個例子，讓我們想想莉比亞・里維拉（Lybia Rivera）的故事，她在二〇〇三年從她長大的波多黎各來到哈佛大學，成為拉丁美洲研究的研究生。她描述她的童年過得相當優渥，但也受到「嚴厲的天主教環境」所形塑，在這個環境裡「女人不是聖母就是娼妓」。她上的是私立教會學校，在教堂唱詩班裡唱歌，甚至一度夢想成為修女。在她成為青少年的時候，她父親拿槍指著她，並且告訴她說如果她做了任何損害「家族名譽」的事，就會殺了她。然而在此同時，她已經默默承受多年性虐待，加害者是一位聲名顯赫、備受尊重的鄰居，是她那個小鎮的菁英階級成員，所以她已經覺得自己永遠失去名譽了。她的避難所是她家鄉的圖書館，她在那裡發展出她的知性興趣。上大學的時候，她希望能夠逃脫她童年令人窒息的文化，而她打算為一個深化拉丁美洲民主的計畫工作。

里維拉去為豪爾赫・多明蓋茲教授工作，他是她那個領域裡最傑出的教職人員之一。她所不知道的是，他也有性騷擾學生與僱員的惡名在外，在一九八三年已經被校方懲戒過一次。儘管如此，他還是穩定地晉升，而在里維拉到那裡的時候，他已經被提名為國際事務中心主任。「男人看到自己掌權的時候，就覺得他們該得到一切，」她這麼反思，「某些人很熱衷於虐待女人，而且他們很擅長找出弱點。」這位教授公然說出他幻想自己會多享受強暴她。他的其他下屬告訴她，「他想要什麼，他都會得到。」

這種充滿敵意的環境，重燃了里維拉長期以來的創傷後壓力症。她能夠在課業上有良好表現，卻害怕自己可能無法及時完成她的博士論文。她因為跟她的指導教授的問題到大學的身心障礙資源辦公室要求延長修業年限，這時她被告知，很明顯她「不是讀哈佛的料」。這個判斷反映的不只是這個機構隱藏的種族歧視與性別歧視，還有它掩護了一個惡名昭彰的性連續犯，因為它沒能承認他的行為的影響，反而羞辱、放逐了他的受害者。「我確實有很好的成績，」她回想，「而且我不希望別人說我是『可憐的莉比亞』，但像我這樣的人會需要一點額外的考量。」她從沒完成她的博士論文，最終離開了這間大學。

多年後，《高等教育紀事報》二〇一八年刊登了一篇文章，文中十八名女性公開指控多明蓋茲性騷擾。控訴涵蓋時間超過三十五年；最早的已知案例是在一九七九年，最近的則是二〇一五年。多明蓋茲否認指控，認為他的行為可能被「錯誤詮釋」（換句話說，這全都是**誤會**），但他還是覺得提早退休比較明智。

二〇一九年，經過調查後，大學校方發現指控可信，拔除了這位教授的榮退地位與特權，並且取消他進入校園的邀請。二〇二一年，校長公開向第一位公開指控的女性道歉，也向「哈佛要是及時採取適當行動，後來就可能免於性騷擾的那些人」道歉。[3] 但直到今日，除了官方道歉，大學的行動焦點一直是對犯行者做出遲來的懲罰，還有組成委員會為將來提出建議。對於那些被耽誤了三十多年職涯的女人來說，這可能只是於事無補的安慰。沒有跡象顯示哈佛有可能承認自己有責任要修復既成的傷害。

里維拉繼續過她的人生。她跟一位研究所同學結婚，他一直以她的原生家庭做不到的方式支持並理解她。「他很健康，所以我也必須變得健康。」她說道。她從沒有放棄知性上追求，她的手腕上刺了兩個中文字，意思是「追求知識與哲學」。她希望能藉由她的證詞做出貢獻，讓大眾更理解有創傷後壓力症的學生面臨的困難。就像許多其他倖存者一樣，她替她的故事造就出意義：把它變成給其他人的禮物，希望能療癒的不只是她自己，還有其他倖存者，甚至，或許可以讓一個共謀的體制轉往正義的方向。

證明清白

倖存者希望她們的社群能夠做出多種補償行動，從危機中的即時幫助與支持（就像里維拉當年要求的），到防止暴力的廣義教育計畫都包括在內。然而在任何形式的行動之前，倖存者希望得到道德上的平反。她們希望旁觀者表達立場，認可有人做出不公之事，而且毫不含糊地譴責罪行。在面對常見的偏見，也就是把發生在受害者身上的任何事都歸咎於她本人的時候，她們想要得到社群的保證：她們不該被虐待。她們希望能將那份羞恥的重擔從她們肩頭移到加害者的肩膀上，重擔該屬於他們。這是我的訪談中所出現的共識。我的談話對象都敏銳地覺察到，罪行是刻意要破壞她們的名譽，並且孤立她們；因此，她們尋求恢復自己的名譽，並且重建她們自己跟社群的連結。她們一致把正義定義為承認與證明清白。

然而，我們的正義體系讓承認與證明清白兩者都變得難以企及。律師兼政治科學教授羅斯・柴特（Ross Cheit）也是一位兒童性虐待倖存者，他的故事同時說明了得到承認與證明清白是什麼感覺，還有即使只是為了要得到這些正義的首要條件，也通常需要經歷一場巨大的戰鬥。已經是個成年人的柴特回憶起他在舊金山男童合唱團舉辦的夏令營中被指導員虐待，這個合唱團是個備受尊崇的組織，他在其中長大。他做了調查，然後發現還有不少男孩也在合唱團的夏令營裡遭到虐待。他跟另外兩位倖存者提起刑事告訴，不過到頭來無法起訴，因為追訴時效已過。柴特轉向加害者比爾・法莫與合唱團提出民事損害賠償。

理論上來說，比起刑事控告，民事訴訟提供倖存者一個比較沒那麼險惡的正義之道。民法是關乎兩位公民、或者個人與機構之間的爭端。以法官這個人所代表的國家，是爭端的仲裁者，而不像刑法裡的那樣，代表其中一方。倖存者有提出告訴與否的選擇。如果針對傷害索賠，被告必須有所回應，法庭有義務聽取雙方說法，並且批准解決方案。如果傷害得到證實，補償辦法就是金錢，傷害的嚴重性則可以由犯行者必須支付的補償金額來判斷。

因為在民法中被告的自由並未受到威脅，正義天秤並不會像在刑事審判時那樣偏袒被告。雖然舉證責任仍然在原告方，卻沒有無罪推定原則。因為進入法庭的原告跟被告，在法律之前都是平等的公民，正義天秤理論上是平衡的。此外，證據標準就只是「證據優勢」（preponderance of evidence），而不是更嚴格的「超越合理懷疑」（beyond a reasonable doubt）。

可能有人會認為，這些區別讓民法審判成為一種倖存者比較容易得到正義的形式。然而事實是，民法訴訟仍舊是一場磨難。這些訴訟還是在兩造對抗制度裡進行，倖存者可以預期會遭受各種侵犯性的意圖，要挖出他們的不堪之事，包括發傳票取得心理健康紀錄，還有在法庭上受到羞辱人且醜陋的人身攻擊。

法律訴訟也需要法律代表，而這有可能非常昂貴。倖存者常常發現自己處於劣勢。舉個例子，根據律師同時也是女性主義倡議者亞麗珊德拉．布羅德斯基的說法，她才從法學院畢業五年，廣受認可的專業指南就表明，她一小時的收費將接近五百美元。[4] 理論上，公民們可能在法律之前一律平等，但在實踐上，當從屬團體的成員要在法庭上尋求正義的時候，原告與被告之間的權力差異之大，實在太明顯了。

羅斯．柴特，身為一位中年已婚異性戀白人男性，承認這一切性別、教育、種族與階級上的優勢給了他地位與可信度。「我第一次跟一位律師談話時，他對我說：『你當然會被採信，因為你是男人！女人進法庭的時候，別人會想著妳撒謊。如果是男人：神啊，你怎麼會對那種事撒謊呢！』」他也理解兩造對抗制度如何運作，而且可以向對造的律師說：「如果你想來硬的，我就來硬的。你知道我會贏的。」他的妻子評論道，她認為民法訴訟是為男人設計的。

因為被告比爾・法莫在該出庭的日子沒出現，案件自動被裁定成對柴特有利。儘管如此，為了讓法官決定損害賠償金額，仍然舉辦了一場單獨的聽證會。對柴特來說，就算擁有法律背景，在法庭做證還是一種非常緊繃又情緒性的經驗，讓他流下眼淚。「我站上證人席，講出發生什麼事，」他描述道，「法官裁定我的索賠有五十萬美元的價值。對於這筆我從沒想過會看到、也永遠不會看到的錢，我記得那種感覺讓人頭暈目眩。法官不只是相信我，還認為這很重要！金錢確實代表某種意義。那天，這個體系承認了我的傷，重視我的價值。他們本來可以說『你為什麼到現在還在講這個』，但他們沒有。」

柴特的父母在他做證時陪伴他到庭，也在他對抗合唱團的法律訴訟中簽署了支持陳述，主張他們信任的機構竟然背叛了他們，還有他們的兒子。他回想：「這對我來說意義重大：他們會這麼做，會跟我站在一邊，說出這傷害不只是針對一個人，也影響到其他人。」透過發聲支持他的訴求，他的父母還示範了一個道德社群的基本原則：傷害一個人就是傷害所有人。當然，這始於家庭，但可望延伸到家庭範圍之外。

柴特並不滿足於一個承認對他個人造成傷害的判決。在他主動聯絡其他夏令營營友的時候，他發現許多人承認他們曾經受虐，但極少有人願意公開做證。他很感激能找到兩名男性確實挺身而出，在法庭判定提起告訴為時已晚之前，於最初的刑事調查裡擔任補強證人。然而，就民事訴訟而言，司法體系普遍把傷害架構成一種個人問題，而非制度問題，所以並沒有共同的對於制度背叛的救濟方案。是有所謂的集體訴訟存在，我們在隨後各章會聽到其中一些，但對於誰夠資格得到這種救濟，有許多限制。「我知道合唱團蓋掉了這件事，」他說，「而我本來有個很天真的看法，認為一起法律訴訟可以改變這點。我要他們寄信給每個參加過那個營隊的人。這完全是該做的正確之事。」不過合唱團的律師堅決反對這個想法。「你不能逼我們這麼做，」被告辯護律師說，「那不是對你訴求的救濟方式。你想要什麼？」

在他描述為「力戰到底」的累人冗長爭訟之後，合唱團跟柴特最後達成庭外和解。這是大多數民事案件的解決方式，這是一種心理戰，有時候會一直拖到審判排定要開始的那天早上。在這樣的和解中被告常常不會承認責任，卻會付出一筆錢，通常附帶保密協議（nondisclosure agreements，簡稱ＮＤＡ）。合唱團幹勁十足的律師很困惑，因為柴特顯然根本不在乎合唱團要給多少錢，就算他知道合唱團跟施虐者不同，他們是真的會付損害賠償金。他反而拒絕簽保密協議，堅持合唱團公開承認窩藏一個性連續犯的責任，這是和解中不能商量的條件。「他們不懂這種心理上的意義，」他解釋，「承認是一種安慰。」

透過在民事法庭追求正義、力戰到底，柴特能夠達到倖存者正義的第一個目標。在加害者缺席審判時，他得到法庭的認可，而他也能夠從事實與共謀體制造成的傷害中，得到不甚情願的公眾承認。他的某些朋友與法律同事很詫異，因為和解條件甚至包含承認該機構的做法是錯的，還有一份形式上的道歉書。「律師不做這種事的。」他們相當驚訝。不過他的故事也顯示出要達成這第一個目標難如登天，甚至有了柴特能動用的所有法律專業、社會支持、經濟來源與決心，都還這麼難。有這麼多同類案例都以保密協議和解了事，顯示出犯行者跟縱容他們的機構，會有多麼盡力花錢買到沉默，還有司法體系接著又是如何放任他們這麼做。

柴特對他所達到的成果感到驕傲，但還是對司法體系不滿意，因為除了承認與證明清白以外，他還是得不到許多倖存者都想要的東西：一個真誠的道歉、要犯錯的一方負起責任、預防未來的傷害，以及誠心努力彌補所有那些被傷害的人。多年之後，柴特透過管道聽說比爾·法莫搬到德州，還在那裡創辦了一個男童教堂合唱團。法律並沒有提供防止這種事的機制，也沒有辦法迫使舊金山男童合唱團主動聯絡多年前在夏令營曾被虐待的所有其他男性。至於形式上的道歉，柴特有話要說：「我們把這稱為道歉書，身為律師，我理解這是什麼。那措辭經過磋商，像是『如果你受到傷害』。你說**如果**是什麼意思？到頭來，最重要的是他們沒有否認這件事。」

這個案子說明倖存者必須多麼努力奮鬥，才能達到甚至只是他們的第一個目標：公開承認真相。這確實提供了希望，憑著勇氣與堅韌，倖存者有時候可以在既有的司法體系中戰勝，但只有極少數的狀況如此，而且程度還很有限。要實現倖存者的正義願景，承認與證明清白是必要但非充分的條件，因為這些願景遠不止承認，還包括道歉、究責與彌補。我們現在要轉向道歉的問題。

第5章

道歉
Apology

來自講道台的道歉不算數，來自發言人的道歉不算數，來自媒體新聞稿的道歉不算數，本人親自道歉才算數。我一年級的時候，就從瑪麗・阿黛兒修女那裡學到了。

——史蒂芬・盧比諾，天主教教士虐待兒童案倖存者的其中一位律師[1]

許多倖存者渴望得到真誠的道歉。她們想要加害者承認他們的罪行，負起完全的責任，心有悔恨而且沒有藉口，正式承認他們導致的苦難，並且表現出他們願意做任何需要做的事情來彌補罪過。真正的道歉也提供了或隱或顯的承諾，指出犯行者經歷了一場道德覺醒：他是個已經改過的人，而且絕對不會再重蹈覆轍。真誠的道歉是針對個人且帶有情感的，而且會創造出修復關係的可能性。在犯行者讓自己謙遜地乞求原諒的時候，這個姿態代表受害者與犯行者之間的權力動力關係逆轉了。寬宥與否的權力，屬於受害者。這樣的謙遜姿態，對於恢復受害者的尊嚴與自尊大有幫助。[2]道歉緩和了折磨受害者無助憤怒與苦澀的感受，通常也會喚起自發的寬恕感。[3]不幸的是，這樣完整真誠的道歉很少見。

我們在第三章提到的蘿西．麥克馬漢，在《幸運的女兒：一部和解回憶錄》中，講述了一個在家暴與性虐待多年之後，道歉與原諒導致家庭關係得以恢復的故事。這個故事很激勵人心，也很有教育意義。在這個結果出現以前的復原工作超過十年，而要達到這個結果，需要社會給予所有家庭成員大量的支持。

蘿西的復原始於十二歲踏出脫離孤立的第一步，當時她母親跟妹妹們設法去了匿名戒酒會家屬團體（Al-Anon），這是為酗酒者家庭成員而設的自助團體。在許多方面，這是一個新的道德社群的開端，是一種對抗父親暴政的手段。匿名戒酒會家屬團體的聚會是免費的，在全國各地許多社區的地方教堂地下室就有，方便參加，世界上許多國家都有。這些聚會由十二傳統（Twelve Traditions）所管理，這讓聚會保持保密與民主，避免被有領袖魅力或跋扈的領導者帶偏方向。匿名戒酒會家屬團體的成員自己實踐十二步驟（Twelve Steps），從承認她們對於酗酒者無能為力開始。承認這一點之後，她們就會理解到他所做的事情不能怪到她們頭上（「沒有導致它，無法治好它，無法控制它」），她們必須聚焦在自我照護上，而不是嘗試安撫或拯救酗酒者（「放手，讓神來做」）。

透過在匿名戒酒會家屬團體認識的人，蘿西設法找到一位治療師，她稱呼對方「艾拉」，艾拉在桑莫維爾的一間由一群基進女性主義者聯合經營的免費店頭診所工作。她描述艾拉是第一個幫助她跟她妹妹們的人。艾拉的同事，她在書裡稱為「雅菲醫師」的精神科醫師，開始與蘿西的母親一起工作。在治療以及一位匿名戒酒會家屬團體的支援者*協助之下，蘿西的母親終於下定決心，帶著孩子們逃到社區內行動家不久前剛開的受暴婦女庇護中心。她也在幾次失敗的嘗試之後，終於申請到保護令，強迫蘿西的父親離家，並且跟家人保持距離。

在這個故事裡，這是正式司法體系唯一一次以稱得上有幫助的方式介入。大半時候，對於蘿西及她家人的幫助是來自女性解放運動。賦予受虐婦女向法庭尋求民事保護令權利的法律改革，還有創立受暴婦女庇護中心與女性診所的組織成果，都是一九七〇年代第二波女性主義的指標性成就。換句話說，少了女性主義抵抗運動，這些女孩或者她們的母親就沒有對抗父權體制力量的手段。

雖然制止暴力是這個家庭主要的轉捩點，她們仍然花了更多年的時間才得以復原。蘿西的母親一跟丈夫分開就終止了治療，但蘿西仍然斷斷續續維持跟艾拉的治療，經歷了困擾重重的少女階段，還有一段與家庭疏離的時期。到最後她設法半工半讀完成大學學業。她跟她的兩個妹妹同一時間大學畢業，對於這個勞工階級家庭來說這可是第一次。她母親主辦了一場盛大的慶祝會，許多親戚都來了，但她父親沒有。艾拉也順道拜訪，向她們道賀。

然後另一個轉捩點來了，在經歷了多次清醒與故態復萌、跟妻子多次分居又嘗試和解之後，

* 譯註：採用十二步驟的匿名戒癮團體中有個制度，是讓資淺成員尋找一位資深成員做支援者（sponsor），在資淺成員信心動搖或者碰到困擾的時候，可以向支援者尋求精神支持與幫助。

蘿西的父親心臟病發，差點送命。他在加護病房的時候，蘿西、她母親跟妹妹們忠誠地聚在他床邊守夜，等到他再度能夠溝通的時候，他表達了他的感激。他活了下來。人生得到第二次機會後，他終於承諾保持清醒，並且同意參與一個家暴者復健計畫提供的性犯罪者處遇。

直到那時，二十六歲的蘿西才準備好跟她父母當面會面。她邀請他們到艾拉辦公室裡跟她見面。她為了準備她想要讀給他們聽的受害者影響陳述，已經跟艾拉一起工作了很久。雅菲醫師這方則主動幫助這對父母，幫助他們做準備。她解釋，他們會被要求傾聽，不中途打斷，而他們同意一起出席這一節治療。

彷彿在她自己選擇的另類法庭裡，蘿西開始說出她的證詞，是講給她父親聽的：

你讓我憎恨我的身體。
你讓我害怕我自己。
你讓我認為男人不是人。
你會對我大吼。
你會打我巴掌。
你會鞭打我。
你企圖占據我。
你企圖擁有我。

蘿西繼續講到她父親的虐待對她的影響。在她結束她的證詞時，她的雙親都在啜泣。艾拉邀請他們回應。蘿西的父親說：「我知道我做了這些事。我無法拿掉這些事。我很抱歉。」他補充說，他理解他做的事情沒有任何藉口。她母親則補充：「我知道這種事會繼續影響她的生活。我知道這會讓她的人生更坎坷。我真希望我可以把這種經驗帶走，我真的希望。」蘿西感覺到這些道歉的真誠，在那一刻，這就是她所需要的一切。她覺得精神振奮，「擺脫了重力」，這時艾拉向他們表示祝賀，說她為他們所有人感到驕傲。

事實證明，後續的和解在接下來的這些年裡經得起時間考驗，姊妹三人各自找到了伴侶，扶養她們自己的小孩，家族三代可以安全地相聚，蘿西的父母可以跟他們的孫兒們擁有充滿愛的關係，雖然按照協議，孩子們不會單獨跟他們相處。在出版她的回憶錄時，蘿西寫道：「我希望這個故事變成解決方案的一部分，促進全國性的對話，討論如何在一個充滿童年虐待與性創傷的家庭裡『恢復正義』。」[4]

我大段引述蘿西的故事以闡明一個真誠的道歉看起來是什麼樣子。言語並不重要，重要的是他們所分享的情感。對蘿西來說，悔恨的真實表現是出現在她父母的眼淚中。他們在哭泣，不是因為他們可憐自己，而是因為他們為了自己曾對她做過的事感到抱歉。在書出版後的訪問裡，蘿西補充說明：「讓妳的加害者一再地徹底感到悔意，這確實是一種非常強大的力量。他們就是如此度過餘生。」[5]

讀者可能已經猜到了，我就是「雅菲醫師」。「艾拉」是我的老友兼親近同僚愛蜜莉・沙佐，她受過家族治療訓練，並且曾經與許多亂倫倖存者共同進行家庭揭露的工作。（我們是在蘿西主動並且允許的狀況下，揭露我們的身分。）我說出這個故事，有一部分是因為這種故事罕見得可怕。無論倖存者多麼熱切地希望得到道歉，她們必須徹底準備好承受失望，因為她們更有可能碰上的是否認、藉口或責備，而不是承認與悔罪。基於這個理由，我們建議倖存者不要進行當面會面，除非她們覺得很確定，會面是否成功並非取決於加害者的反應；會面的主要目的，就只是倖存者要講出她的真相，並且讓加害者知道他的受害者不再被迫沉默了。[6]

這種罕見的真心道歉如果發生了，可以真的很振奮人心。不過，道歉如果真誠，能孕育出惡行可被彌補的希望，若不真誠，則會嘲弄了這種希望，在傷口上灑鹽。基於這個理由，雖然所有我訪談過的倖存者都明顯同意，她們想要被承認、被證明清白，對於是否想要得到道歉卻心態矛盾。許多人唯恐任何後悔的表現，就只是另一種形式的操縱。她們懷疑她們的施虐者是否有能力同理，或者她們是否能夠信任施虐者任何悔恨的表現。沒有人想要惡名昭彰的「政客的道歉」，這種道歉總是用被動語氣或在有條件的情況下提出：「錯誤已經造成」或者「**如果**有人被冒犯了，我們很遺憾」。

許多加害者事實上不是真心對自己的作為感到抱歉。我們在第四章談到的羅斯・柴特教授，花了許多年擔任監獄志工與性犯罪者一起工作，這是他的倖存者使命之一。他教倫理學課程，並且觀察他們的心理治療團體。他離開時帶著這種印象：「我見到的這些人是這群人裡的菁英了。他們承認自己的罪行，而且待在一個處遇計畫裡。不過看到他們掙扎的時候，我真的吃了一驚：他們沒有能力設身處地，從別人的角度來想事情。他們搞不懂後果。他們知道這是錯的，而他們很遺憾，真心地遺憾——因為他們在監獄裡。」

跟我談過的倖存者，鮮少實際上向任何一位施虐者要求道歉，而得到道歉的人甚至還更少。除了不信任加害者，某些人很清楚，她們並不想要可能被期待隨著道歉而發生的那種和解。「卡洛琳」，一位詩人兼亂倫倖存者，解釋她為何不希望虐待她的哥哥向她道歉：「我懷疑他會很樂於談論他做了什麼。他不會真心覺得抱歉，悔悟或後悔那種意義上的抱歉。我會再度覺得滿身泥濘。而且我對道歉會很有戒心，因為接著我就會感受到必須原諒他的壓力。」

原諒？

這把我們帶向原諒的複雜問題。修復式正義的現代運動（在下一章裡會有更深入的討論），展望的是透過加害者與受害者之間的當面會面，在社群見證下療癒犯罪的傷害，在其中加害者承認、道歉與承諾做出彌補之後，隨之而來的是原諒與和解。[7] 對倖存者來說，這種形式的正義確實更好嗎？

一點歷史視角，或許能給這個問題些許啟發。古典學者大衛・康士坦，在他二〇一〇年那本發人深省的著作《原諒之前：一個道德觀念的起源》[8] 中，主張現代概念下的「**人際之間**的原諒」，相對來說起源較晚。古典文獻中並未發現這個觀念，而令人訝異的是，甚至在舊約或新約裡也沒有。在聖經以及猶太教或早期基督教神學家的作品中，只有神同時具有原諒的權威與慈悲。常見的諺語「犯錯是人性，寬宥是神性」，闡明了這個觀念。許多個世紀以來，猶太教與基督教神學的理解是，只有神可以看透人心，認出真正的悔恨與懺悔之意，這是原諒必要的先決條件。康士坦進一步論證，人際之間原諒的現代概念是有幾分問題的，因為這個想法其實取決於「加害者已經誠心改變」。不過這種事情實際上有多常發生，而區區人類又如何能確實分辨真誠的悔恨、與短暫或僅僅只是作為交易的道歉之間的差異？

可能基於這個理由，跟我談話的倖存者實際上很少有人真的想要修復式正義所展望的那種個人接觸，還有好幾個人，像是「卡洛琳」，明確地拒絕這個主意。許多倖存者並沒有立志要療癒她們跟施虐者之間的關係，就只是不想跟他們有任何瓜葛。瑪麗・瑪格麗特・吉安尼尼（Mary Margaret Giannini），一位佛羅里達州傑克森維爾市的律師，同時也是一位強暴倖存者，在二〇〇二年我首度訪談她的時候，解釋了她對此事的感受。攻擊她的男人是個陌生人，利用她的仁慈與天真的信賴說服她讓他進入家中：他聲稱他的卡車被偷了，要求借電話。強暴犯被捕、認罪，然後被判刑入獄。

雖然她是一位聖公會牧師之女，也是個積極實踐信仰的基督徒，吉安尼尼說，有很長一段時間她無法為加害者祈禱。「在我想起強暴我的男人時，」她說，「和解——救贖——在我心裡並不是個議題。和解極有可能永遠不會發生。我不知道這種事有需要發生。他不需要我的原諒，他需要他的造物主的原諒。這不是我能控制的，感謝老天！我不想成為他恢復過程的一部分。我自己就有夠多功課要做了。」

當然，原諒對不同的人來說意味著不同的事。對某些倖存者來說，原諒意味著單方面地放下憤怒與苦澀。在任何方面，這種原諒都不取決於加害者的悔恨或道歉，反而只是倖存者自身療癒的一部分。在這個意義上，我的許多報導人都嚮往要達到原諒。然而，這種放下，不可能光靠意志力達成。這相當不同於許多人在回應真誠的悔恨時，情緒上經驗到的那種立即、自發、解脫的原諒感受。要達到這種單方面的原諒，需要一段時間積極地哀悼失去的一切，以及所有無法修復的傷害。倖存者有時候會將這個過程，描述為在放下對加害者的憤怒以外，也放下所有的自責，最後原諒**自己**。就像家暴倖存者瑪麗·沃爾許所說的：「原諒是放棄過去能變得更好的所有希望。」

二〇二〇年，在初次接受我訪談的將近二十年後，吉安尼尼再度反思她對於怨恨與原諒的感受。在這段期間，犯行者已在監獄中去世，她去了他的葬禮，靜靜地坐在教堂停車場裡，這樣她的出現就不會打擾到他的家人。她很高興知道他確實有一個關心他的家庭。她寫道：

> 我那麼多年前說過的話，在紙上讀起來比我原本打算表達的「更嚴厲」。我想我是企圖指出——至少在當時如此——我覺得我沒有偉大到足以擔負起原諒的角色（就像比我們偉大的神那樣），但我希望強暴我的男人確實跟神有某種關係，希望他會在那裡尋求完整性。現在呢？

我想，得知（他的）死訊改變了狀況……我領悟到我累了，在情緒上疲於把焦慮、怨恨跟憤怒指向他。在我「放下他」以後，我比較健康也比較快樂。我不知道這是不是所謂的原諒，但我會稱之為和平。

許多倖存者也同意他們希望「放下」加害者，還有他在她們心靈中代表的一切。某些倖存者描述了她們持續的怨恨感受還有她們的復仇幻想，幾乎就像是加害者的暴力留下的異物或有毒殘渣，而她們渴望擺脫這些東西。藝術家艾咪．布萊佛德（Amy Bradford）是一位強暴倖存者，她描述了一個夢境：一隻恐龍來了，然後踐踏強暴她的人。在夢裡她樂不可支；醒來以後，她卻覺得這個夢很怪異。她人生中最不想要的就是更多的暴力。

有趣的是，她丈夫比爾．布萊佛德對於自己心存報仇的念頭這一點比她坦然得多。我常常發現真是這樣，對於自己的報復欲望，倖存者的親友比倖存者本人更直言不諱、更沒有心理衝突。在倖存者熟識她們的施虐者、還可以看到他們的某種人性的時候，尤其如此。比爾．布萊佛德說他真希望可以殺死那個強暴犯，他說這個強暴犯是「一股邪惡力量，不是人類」。但即使如此，當他被問起一個真正的道歉是否會有所差異的時候，他都有被撫慰的感覺。「我想，如果我可以把那個強暴犯安置到一個座位上，」他說，「我知道這種事絕對不會發生，但如果他願意承認這事情很糟，表達後悔，向她道歉，然後也向我道歉，我想那會有幫助。我厭倦憤怒了。天啊，我聽到自己這麼說還真驚訝！」

另一位強暴倖存者，莎拉．強森（Sarah Johnson），一位護理師，說她真希望她可以讓高中時在一場派對裡強暴她的男生，感受「世界上最糟的痛楚」。「我知道有人講到原諒，」她說，「但我還憤恨不平。我永遠無法原諒他。」然而一會兒以後，她補上一句：「如果他說：『莎拉，我很抱歉，我需要幫助。』我會說：『謝謝你，神啊！』然後我就不會這麼恨他了。」再一次，光是想到一個道歉，似乎就撫平了想報仇的感受。看來就算是在想像中，真正的道歉也帶有幾分魔法。

現在重新替自己取名為V的劇作家兼女性主義行動家伊芙．恩斯勒，在她的書《道歉》裡把這個魔法發展到極致。這是以她父親的聲音寫成的獨白，他在她小時候對她施加身體與性的虐待。她以自己身為劇作家的創造力量，召喚出已故父親的靈魂；他在生前從沒有向她道過歉。[9]在最近的一次演講中，她描述自己寫下那份道歉是一種解放的實踐，「轉化了我心目中的他。」作為一種方法，她列出在加害者（想像中的）內心必須發生的四個步驟：首先，對於是什麼讓他能夠犯下罪行，進行深度的內省；其次，完整詳細地承認他的作為；第三，發展同理心，感覺並理解他施加的傷害所造成的影響；最後，負起完全的責任，並且道歉。這些步驟明顯類似匿名戒酒會實踐的十二步驟計畫。第四步驟，「一份徹底而無所畏懼的道德清單」，導出後續對於所有受傷害者的承認、道歉與彌補。

在寫下這本書以後，V改了她的名字。雖然寫這本書很痛苦，但在書完成的時候，她覺得她從父親的掌握中釋放出來，而且不想再以父系姓名作為自己的身分認同了。她用「老頭子，消失吧」這句話結束這本書。憑藉她的想像之力，她設法跟能夠補贖、有可能與之和解的父親，創造出一種「我與汝」的對話。她做出結論：「在真誠的道歉被提出也被接受的時候，它創造出一種煉金術式的，在身體上、精神上與性靈上的解消，消除了對身體的侵犯、仇恨與怨懟，以及對於復仇與憎恨的需要。這實際上就是原諒的感受。」[10]

然而，V也提出警告，就算加害者確實真誠又完整地道歉了，永遠不該期待或壓迫受害者原諒。我的報導人完全同意這一點。在她們感覺到原諒的社會壓力太強的時候，她們很容易覺得怨恨而抗拒原諒。

抗拒原諒

現代基督宗教的教誨頻繁勸誡受害者要透過原諒超越她們的憤怒，而不是採取行動對抗那些侵犯她們的人，而且人們總是特別建議女人跟其他從屬群體的成員要有原諒的美德；她們情有可原的怨恨可能會讓掌握權力的人感到不安。原諒的好處被宣揚為不只是為了受害者的靈魂，也是為了她的心智健全著想。私立基督教非營利機構坦伯頓基金會提出了一種新做法，建議記錄犯罪受害者接受所謂「原諒治療」後的效果。有個獲得贊助的研究，就描述了一個以亂倫倖存者為對象的每週治療計畫，原諒就是其明確且核心的訴求。[11]這位作者基於非常有限的資料，主張和任何其他已知的治療相比，學習原諒對這群人產生了更正向的效果；普遍而言，創傷壓力領域內大多數的專家並不支持這個判斷。

倖存者有充分理由懷疑原諒施暴者這個觀念，尤其是在還沒有強烈信心認為對方真正改變態度時更是如此。在一篇題為「原諒的棘手問題」的布道文中，新教牧師同時也是家暴的倖存者安妮・瑪麗・杭特（Anne Marie Hunter），解釋了她為什麼質疑要原諒的宗教命令：「深刻的真理如下：原諒是很美妙而且很基督徒的事情。而有時候原諒是錯的。因為我們現在知道，施虐者通常會在事後表示懊悔。他們說他們很抱歉。他們說他們會改。他們說絕對不會再發生了。可是沒有國家認證的家暴者處遇計畫的幫助，事情**就是會**再度發生。」[12] 杭特牧師太清楚道歉與悔恨的表現了，就算當時看來很真摯，也可能是施虐者用來持續控制受害者，最有效的辦法。

杭特自己的倖存者使命，是致力於教育神職人員及宗教會眾家暴的現實狀況，並且改變讓教會跟施虐者站在同一陣線的父權教條與態度。她理解她的工作挑戰了基督教信仰過去一千七百年來確立的基本結構。「如果妳心目中有個評斷嚴苛、全能又全知的神，那聽起來很像個施暴者。相信神站在施暴者那邊的虔誠女性會說，『那就是我要背負的十字架』。宗教社群的偏見是強迫原諒。他們大喊『和平、和平』的時候，根本沒有和平存在。」

用不著說，杭特的觀點在現代基督教神學中是有爭議性的。耶穌不是勸誡祂的追隨者送上另一邊的臉頰嗎？* 作為回應，她引用了一位家暴倖存者告訴她的話：「我把一邊臉頰送上來，

* 譯註：出自聖經馬太福音第五章第三十九節：「只是我告訴你們，不要與惡人作對；有人打你的右臉，連左臉也轉過來由他打。」

再把一邊臉頰也送上來，我現在整張臉都沒了。」照杭特看來，問題在於勸誡受害者原諒她的施虐者，總是比直接對抗施虐者、實際上制止暴力來得容易許多。「我還沒有聽到有人說『我設定界線是因為我是個基督徒』，」她說，「比起叫受害者原諒，我們需要思考的是讓加害者悔改並且改變行為。」

雖然這可能是少數觀點，但堅持真正的悔罪必須先於原諒的並不只有杭特。天主教神職人員中的顯赫成員，都柏林總主教與愛爾蘭首席主教也採取類似的立場。迪爾穆德．馬丁首席主教在表達他對天主教神父性虐待兒童這種遍及世界的禍害是如何痛心時，反省到在他的經驗中，加害者沒有真心悔過，對倖存者來說是「最大的侮辱」，而他補充道：「在加害者拒絕承認事實的全副意義時，很難談到對加害者做出有意義的原諒。」[13]

這樣的立場與十二世紀學者摩西．麥蒙尼德斯的猶太教教誨是一致的：原諒必須透過實踐「*teshuvah*」（悔改）或懺悔掙得。根據現代宗教學者葉拉哈米爾．高立克的說法，「『*teshuvah*』的元素包括嚴格的自我檢視，並且要求加害者透過坦白供認、表示悔意，並且盡一切可能努力糾正他犯下的錯誤，來跟受害者互動。」高立克拉比補充說，沒有「*teshuvah*」的原諒，實際上對一個道德社群來說是毀滅性的。「因為雖然給予力爭得來的原諒，可能是能修復情緒、令人振奮又有啟發性的慈悲之舉，但給予不勞而獲的原諒並非仁慈，而是冷酷無情，而且可能只是進一步讓加害者與受害者對道德的區別變得麻木不仁。」[14]

從這些宗教領袖的觀點來看，和解應該只有在達成正義以後才得以發生。而正義意味著社群已經介入來制止虐待，施虐者也承認他先前的作為，對他的行為負起完全責任，而且願意做任何必要之事來補過，藉此顯示他的悔悟。這些領袖挑戰我們這些旁觀者，要終止我們對父權暴力加害者的積極或消極共謀，並且擔負起嚴肅而繁重的任務：向他們問責。這不是倖存者可以獨自辦到的事情，也不該只是她們的責任。這項任務需要道德社群做出一種新的承諾。

第6章

究責
Accountability

如果沒有人的懲罰會通往我的救贖，那麼等著我的就是究責。

——傑利可・布朗，〈就職致詞〉1

承認倖存者的真相，承認她所忍受的傷害，還有充滿悔恨、沒有藉口的完整道歉——對許多倖存者來說，這些是必不可少的行動，透過這些行為，加害者與旁觀者可以開啟療癒、從真相走向修復的過程。在傳統司法體系中，我們會講到加害者的自白與認罪協商，還有後果會是某種形式的懲罰。不過許多倖存者對於懲罰感受非常矛盾，因為懲罰沒有對她們所受的傷害做出任何實質的修復。她們反而展望其他需要加害者與共謀的旁觀者做出彌補的選擇。要加害者負起責任，修復他們造成的傷害，可能意味著什麼？要旁觀者為了共謀與串通的行為負起責任，可能意味著什麼？疏忽、漠不關心或刻意視而不見又怎麼說？這些是倖存者設法定義一個新的正義觀的時候，努力要解決的問題。

雖然倖存者極常被刻板印象描述成存心報復、又極度想施加懲罰，大多數我訪談過的倖存者似乎對懲罰明顯不感興趣。某些人基於原則反對懲罰；其他人則單純就是看不出懲罰犯行者對她們或任何人會有什麼好處。普遍來說，她們想要正義更以她們而非以加害者為中心，更重視療癒而不是罪有應得。在跟加害者有關的層面上，比起懲罰，她們更偏愛復歸的觀念。根據最近的一次全國性調查，普遍來說犯罪受害者對這些觀點是有共識的。[2] 然而，我們現行的刑事司法體系的優先選項完全不是如此。

這是因為在刑法中，懲罰是正義的標準尺度。作為刑事司法代理人，國家建立了一致、可量化的懲罰標準（例如罰金、監獄刑期），理應公平而理性地按照罪行嚴重程度加以應用。一般認為這是應報式正義（retributive justice）的一項主要長處：它致力於標準化、符合比例原則，還有對所有人一視同仁。在實踐上，如同大家熟知的，這個體系並沒有平等對待所有公民，它基於性別、種族與階級而施以截然不同的刑罰。

比起前現代、私人的或社群主義的補償體系，以國家為基礎的刑事司法演變通常被看成是一種進步。根據傳統智慧，藉著主動確立真相並懲罰越軌行為，國家遏止了私刑執法、幫派報復、家族血仇的危險，並且對於獨斷、殘酷與過度的刑罰設定了界線。它也向許多受害者提供了正義的可能性，這些人在其他狀況下無力尋求任何形式的究責。然而，在國家承擔起受害方的角色時，犯罪受害者就淪為檢方與辯方激烈衝突劇中的邊緣角色，而且在她們為親身經驗做證時，還得遭受充滿敵意的質問與羞辱。如同我們在前幾章見到的，刑事司法體系並沒有提供受害者證人免於霸凌與恫嚇的有效保護，而且只給她們極少機會得以依據自己的意願講自己的故事。

對於性別暴力倖存者及其他從屬團體來說，這意味著她們身上的主動性被取走兩次，第一次是在她們受害時，第二次則是在她們企圖為傷害尋求補償時。我們在第二章看到，甚至連這麼溫和的改革——在判刑階段容許受害者用自己的話，向法庭提出影響陳述——都被證明有爭議性。我們的司法體系必須進行多大程度的改變，才能以受害人的福祉、而非對加害人的懲罰為中心？

阿萊莎．薩丁娜（Alexa Sardina）現在是刑法教授，她說了在她是大學新鮮人、離家才一週就在刀尖下被強暴的故事。她屬於極少數，是百分之一到百分之五在刑事法庭得到傳統式正義的強暴倖存者。那名強暴犯是個闖進她宿舍裡的陌生人，被逮補、審判、被判有罪，入獄服刑的刑期很長。儘管如此，這過程對她仍是個折磨。她輟學回家跟父母同住。每次出庭，她都再次經歷創傷。辯方含沙射影地說她邀請強暴犯進入宿舍做愛。在審判的某一刻，她從法庭奔出，哭著說道：「我想回家！」然後必須有人追出來，護送她回到法庭。

「我常覺得自己像一份證物，」她說，「這不是我的案子。不是！妳再度被物化。」她母親描述審判過程是「一個接一個的夢魘」。從她的觀點，被告的權利看起來比受害者還多。對這一家人來說，整個過程非常昂貴。每次法庭開聽證會，她們就必須從她們家跋涉好幾小時到紐約上州。雖然這一家期待犯人的定罪與判刑會給她們一個「了結」，在審判結束的時候，她們沒有感到釋懷或滿足；事實上，她們發現復原的漫長過程幾乎才剛開始。

被問到什麼樣的正義形式是比較好的，薩丁娜反思道：「我沒有辦法去對他說『你為什麼要做這種事？』，他也沒有辦法承認他做的事情並負起責任。沒有機會做個人交流。我們需要對倖存者做出更多保護，讓她們免於被抹黑，我們也需要更多誘因讓被告承認自己做了什麼，而不是否認、否認、再否認。」她太清楚地看到，現有的體系給犯行者種種誘因要堅決否認他們做過的事，還反過來攻擊受害者的可信度。

還有其他許多我訪談過的倖存者們也表達了相同的情緒。司法體系讓她們忍受嚴苛審判的誘因太少了，因為極少有人從定罪提供的結果（犯行者的懲罰）中得到滿足。那些選擇參與刑事司法體系的人這麼做，主要是因為她們看不出有什麼別的辦法阻止犯行者重複他們的罪行。[3]與其說希望讓犯行者因為報應而受苦，大多數倖存者想要的是犯行者承認他們的罪行、暴露在公眾的審視之下、理解他們導致的傷害並真正感到悔恨，然後復歸。還沒有答覆的問題是，如何帶來這些改變。

修復式正義的承諾與限制

在最近幾十年裡，修復式正義的國際運動承諾找到了一種更好的方式，而這種方式站在幾乎所有民族國家施行的應報式正義的對立面。它提供了道德社群如何回應犯罪受害者的另一種願景。在修復式正義中，受害者有比較完整的機會讓自己的聲音被聽見，過程是共識制而非對抗制，補償方案是平復而不是「罪有應得」。

這個運動的主要論述是由澳洲犯罪學家約翰．布雷斯維特所提出，他描述修復式正義的基礎原則是修復罪行造成的傷害，而非懲罰犯行者違反法律的行為。「因為不正義造成了傷害，」他寫道，「應該由正義來療癒。」他定義修復式正義的關鍵價值是非支配性的、賦權的，還有尊重的傾聽。這些跟第二章所遇到的「非暴力之輪」中所闡明的原則非常相似。以這些基礎原則為基礎，修復式正義程序可以採取許多不同形式。布雷斯維特主張，與其將特定程序編入法典，修復式正義應該容許程序上的多種變化，以適應不同文化與制度環境，在刑事法庭內外皆然。這些原則也可以在截然不同的尺度上實施，從針對個別受害者的犯罪到大規模暴行都在內；在剛脫離戰爭與獨裁政權的國家中，修復式正義程序可以當成戰爭罪行特殊法庭之外的一種選擇。他主張，有鑒於懲罰創造出「暴力引發暴力」的惡性循環，修復式正義至少提供了「療癒滋生療癒」的良性循環的可能性。[4]

雖然修復式正義的實踐方式並沒有被編入法典，又具有高度可變性，最常見的是兩種基本模式：協商會議（conferencing）與和平圈（peace circle）。兩者都是由一位修復式正義實踐者協調促成，並且至少要有受害者（稱為受傷害者〔the harmed person〕）、加害者（稱為傷害作為者〔harm-doer〕），還有某個人代表更大社群的利益（此人可能是修復促進者）。可以出席的人數沒有一定的限制。傷害作為者跟受傷害者可以邀請親友，以目睹者與支持者的身分出席；修復促進者也可以建議找雙方都接受的第三者來當社群代表。有兩個主要的先決條件：受傷害者必須出於自由意志下的知情同意，參與這個修復式正義的程序，傷害作為者則必須承認對自身作為的責任。如果真相有爭議，在修復式正義中沒有尋找事實的機制。必須有等同於加害者自白的證據，才能容許展開這個程序。

在和平圈裡，所有參與者都圍成一圈坐在一起，修復促進者則把一個稱為「發言工具」的物件傳給大家。只有拿著發言工具的人才可以講話，在此同時，其他人要傾聽，不得打斷。發言工具一直傳遞下去，直到每個人都有機會被聽見為止。而這個過程則會持續直到整個團體對於該做什麼來修復傷害達成共識。在一個修復式正義的協商會議裡，受害者先發言，說出她的故事，然後陳述她對於彌補的期望。犯行者則被期待要給予承認與道歉，並且陳述他有意願做彌補。其他目睹者也會講到罪行如何影響他們，還有他們認為公平的解決方案是什麼。討論要持續到大家同意了一個可行的平復計畫才會停止。這些充滿野心的目標顯然無法光靠一次會面完成，不過對於當面開會以前要如何跟參與者們工作、或者如何實踐平復計畫，並沒有一個規定好的體系。修復促進者引導會議的準備，後續計畫則是由參與者的共識所決定。

布雷斯維特主張，代表受害者表達正義的社群義憤，是犯罪控制的必要積極元素。他同時批評右翼與左翼對犯罪的觀點。他同時拒斥雙方的不同傾向：傳統上跟檢方相關的懲罰性、支持「法律與秩序」的傾向，還有傳統上跟辯護律師這方相關的寬容傾向。他特別批判傳統左派實質上完全聚焦於保護刑事被告權利，這個立場對受害者沒有提供任何支持，也沒有向犯罪者問責的積極計畫，實際上是把犯罪議題扔給右派處理。

布雷斯維特提議把修復式正義當成第三種方式；他倡議「積極進行罪疚、做惡與責任的道德教育，在其中傷害作為者直接面對社群的怨恨，最終會被邀請來面對這件事」。[5] 修復式正義不是把犯罪者放逐出去，接著因此強化他反社會的態度，而是透過布雷斯維特所謂的明恥整合（reintegrative shaming），提供一種回歸社群接納的潛在管道。「羞恥，」他寫道，「被設想成……一種讓公民積極負責的手段，讓他們知道，他們的公民同胞怨恨傷害到他們的犯罪行為是如何情有可原。在實際運作上，羞恥肯定比壓制更確實地限制了自主權，不過它是透過溝通道德主張而達成這一點。」[6] 這個概念擁抱了一種表面上的矛盾；它想像以公開指責與恥辱為手段，不是為了羞辱並汙名化傷害作為者，反而是為了承認他們的人性，並且邀請他們參與修復。

在像是布雷斯維特這類成熟理論家的概念架構下，修復式正義原則提供了由道德社群來為受害者平反的潛力，這是傳統司法中極明顯缺乏的東西。修復式做法，像是協商會議與療癒圈，也展示了法庭上極罕見的相互性、發聲與尊重原則。然而，最成功實現修復式正義的環境，是像這樣的：道德社群普遍有共識，既認為需要嚴肅看待犯罪，也認為以修復傷害作為解決方案可能比懲罰更好。轉向修復式正義的典型案例，包括一次性事件、非暴力財產犯罪，像是年輕人犯下的竊盜或破壞行為。在這些案子裡，沒有人受到肢體傷害，也有普遍共識認為嚴厲的懲罰並不好，年輕人需要機會糾正錯誤，並且從自己的錯誤中學習。

然而，在談到性侵或者基於性別的其他形式暴力時，公眾意見實際上是分歧的。這些罪行大抵上被視為惡行重大的犯罪，應該得到嚴厲懲罰。不過就像我們在第三章裡看到的，大眾對於誰才「算是」真正的罪犯（好比說是個陌生黑人）、誰才「算是」「無辜的」受害者（一個從沒約會過的年輕金髮女子）有偏見與幻想，在這些偏見幻想能夠方便地妖魔化犯行者的時候，前述的公眾態度（嚴懲惡行重大的犯罪）才適用。在現實中，因為大多數犯行者與受害者並不符合這些刻板印象，公眾傾向於責備受害者，要懲罰犯行者的時候反而就退縮了。在暴力犯罪的對象是從屬團體或被邊緣化團體的時候，懲罰具有重要的象徵意義，指出受害者在較大社群中被如何評價；也有實際上的意義，指出受害者如何被保護以避免受到進一步傷害。在這些例子裡，修復式正義的爭議性就高得多了。

不幸的是，在基層，修復式正義運動在受害者權利方面再現了許多與傳統司法體系相同的缺陷。許多修復式正義計畫是從刑事司法體系裡針對被告的工作中發展出來的，目標是找出懲罰之外的其他選擇。受害者關切之事通常沒有得到充分體現，受害者的利益可能像在傳統體系中一樣，輕易服從於意識形態目標。在這個例子裡，目標會是和解與原諒，而不是懲罰。[7]霍華．澤爾是這個運動中一位主要的理論家，承認他起初把受害者看成一種麻煩：「在我早年對囚犯被告的工作中，我並不了解受害者的觀點。說實話，我當時並不想懂，因為她們的主要作用，是干擾犯行者找到『正義』的過程。」[8]

澤爾後來的工作顯示出他演變成朝向為受害者考量更多的方向發展。他現在斷言：「在正義的過程裡，受害者必須是主要利害關係人，而不只是個註腳。」[9]這是個重大進展。但不幸的是，在修復式正義實踐中被召來見證性暴力犯罪的社群，就跟我們傳統的應報體系中被召來給出判決的任何十二名陪審員一樣，是把受害者視為「註腳」的父權文化的一部分。

修復式正義運動是一種多樣化的結合，建立在改編北美、澳洲與紐西蘭原住民的慣例，並且納入了對過度懲罰的漸進式嫌惡、激進和平主義，還有基督教的寬恕教條。在世界舞台上，這個運動由於戴斯蒙·屠圖大主教領導的南非真相與和解委員會而廣為人知。在非洲國家議會與南非政府為了結束種族隔離而進行的談判中，協議的部分條件，就是暴力政治犯罪的白人加害者以完整的自白交換赦免。許多加害者（雖然不是最高領導階層）利用了這個機會。

加害者的自白，讓真相與和解委員會可以毫無爭議地確立種族隔離制度無情暴政的醜陋真相，也讓將白人至上主義描述成良性的、創造出這樣一個成功的修復主義敘事不再可能。這本身就是非常重要的成就。（作為對比，考量一下《亂世佳人》裡面濫情地描繪快樂忠誠的黑奴跟仁慈的主人，這是「敗局命定」*宣傳的巨作，也是美國有史以來最賣座的電影之一。）不過，委員會最偉大的創新，是以倖存者的證詞為中心。許多倖存者在公開聽證會裡說出他們的故事，透過電台現場轉播傳送到全國。屠圖大主教在訪問倖存者時充滿尊敬與同情的舉動，為這個國家立下榜樣，要尊崇倖存者並為他們平反，並且承認針對他們所犯下的罪行的全盤真相與恐怖。

* 譯註：在談論南北戰爭的脈絡下，「敗局命定」指的是南方撇清蓄奴的不義之處，把內戰責任歸諸於北方，認定戰前的美國南方是美好的傳統世界，處於弱勢仍然奮勇抵抗北方侵略。

真相與和解委員會的和解目標比較沒那麼成功。承認種族隔離政權的罪行，是朝向社會修復與療癒必要的第一步，卻還不夠，這一點很快就清楚得讓人痛心。任何形式的公開贖罪或者經濟賠償都付之闕如。大多數的黑人仍然處於赤貧狀態，就像一百年前美國的黑人在內戰後陷入赤貧，他們數世紀的強迫勞動，沒有得到承諾中的賠償（四十英畝土地與一頭騾）。

當年身為一位年輕心理學家的普姆拉・郭伯多-馬蒂吉茲拉博士是真相與和解委員會的成員之一。她致力於找出受害者與加害者，並且在有可能的時候，促成修復式正義展望的那種當面會面。她描述，許多受害者確實想要一個這樣的會面，但大多數加害者（或者他們的律師）拒絕了，而她估計願意道歉的加害者不到百分之五。她推測，要是沒有律師干預，這個數字或許會變成百分之二十，但肯定還是少數。在那些加害者真心悔恨的罕見例子裡，某些療癒可能發生，而這些例子喚起了希望。但在多年後，基於後見之明，郭伯多-馬蒂吉茲拉博士（現在是一位教授兼知名作者）的反省是，要是沒有賠償，普遍性的原諒還是太早了。[10]

在一份以「修復式正義的限制」為題的文章裡，澳洲犯罪學教授凱瑟琳・達利回顧了相當多來自她母國以及紐西蘭法庭的證據，在這兩個國家，修復式正義運用最廣泛的是在少年犯身上。她指出，首先，修復式正義不是尋找事實的替代品；只有在被指控的犯行者自願放棄不自證己罪的權利，也承認個人責任的時候才能實行。少了尋找事實的方法（像是在兩造對抗制度中呈現衝突的證據），修復式正義永遠無法完全取代傳統的司法體系。它最有用的時候，是在刑事流程的刑罰階段；它是重新想像犯罪後果應該是什麼的一種方式。

在達利回顧的成果研究中，大多數已經參與過修復式正義的人（包括犯行者與受害者），對於這個過程的公平性都給予高分，但犯行者與受害者不太常找到共同立場，真誠的道歉也只發生在少數案件中。她引述的一則研究，對象是紐西蘭的「明恥整合實驗」（Reintegrative Shaming Experiments, RISE）修復式正義計畫，據報告計畫中只有不到一半的案子達成和解與修復的理想。達利也指出，甚至在加害者誠心感到悔恨的例子裡，也不該期待或強迫受害者要原諒。有了這些警告之後，她做出結論：「受害者與加害者之間的當面會面，**是**一種值得維持、或許還要擴大的做法，雖然我們無法期望它會在大部分時候實現強而有力的修復與善意的故事。」[11] 這似乎像是個平衡判決：如果正義就是公平，而且加害者與受害者都覺得在修復式正義程序裡得到公平對待，即使修復式正義的療癒目標還沒有完全實現，這就已經是一項重要的成就了。

一位倖存者的經驗

芝加哥的一位黑人藝術家、電影劇作家同時也是社群行動家，凱拉・瓊斯（Kyra Jones），是一位兩度被認識的男性性侵的倖存者。第一次發生這種事的時候，她是西北大學的大學生，她去報警了，但她發現刑事司法體系徹底讓人疏離。她描述警方全無尊重，從沒有人問過她一次她想要什麼。她知道她絕對不想重複這種經驗。所以幾年之後，她再度被另一個不同的男人強暴時，她知道她必須訴諸其他管道。

瓊斯描述傷害作為者馬爾康是一名黑人男性，也是社群行動同儕，他「把運動語言變成武器，用來對付脆弱的女性」。她想要他承認發生的事情，她也想要警告她的行動家社群，他以什麼樣的方式濫用他的領袖地位，不過她絕對不想向早就準備好要把黑人男性關起來的刑事司法體系告發他。她想要他公開在他們共同的同儕團體裡承認他做了什麼，不過她明白，「承認你的作為所帶來的威脅，就是會被監禁、被奴役，這種時候你當然會否認！」就像許多其他倖存者一樣，她也想要他徹底理解他造成的傷害，感到悔恨，並且改變他的態度與他的行為，好讓他不會再傷害別人。

基於所有這些理由，瓊斯透過瑪麗雅美．卡巴——她是社群裡一位備受尊崇的黑人作家兼行動家，也是有經驗的修復式正義實踐者——得知有修復式正義的選項以後，她立刻擁抱這個做法。卡巴主持規畫過程，並且定期與瓊斯會面，向她保證馬爾康的承認與道歉是必要條件，不過她的原諒並不是。為了回應行動家社群的社會壓力，馬爾康同意參與這個過程，而有一群自願者參與進來，為修復式正義和平圈做準備。參與者分別組織了支持瓊斯與支持馬爾康的團體。瓊斯的團體幫助她處理創傷，並且發展她對於想要哪種彌補的想法。馬爾康的團體則跟他一起工作，幫助他理解他的行為後果，還有可能必須做哪種改變來修復他造成的傷害。

在馬爾康花了十五個月跟他的團體定期會面之後，他們判斷馬爾康準備好了。他為他的作為道歉，同意瓊斯的一切要求，並且承諾進行一個「深刻反省與改變」的計畫。他的支持團體承諾執行定期追蹤，確保他有履行他的承諾。這是個把「明恥整合」付諸實踐的完美例子。

不幸的是，一、兩年過去以後，事情變得很明顯，馬爾康還是繼續攻擊其他女人。這時某些黑人性侵倖存者氣的是瓊斯，因為她選擇不提出刑事控告。她們認為馬爾康本來應該去坐牢，他在那裡就不能傷害更多女人了。描述自己是「監獄廢除主義者」的瓊斯，對此很苦惱：「正確的答案是什麼？」她納悶地出聲問道。到最後她決定，把這個失敗歸咎於修復式正義是不公平的。她堅持責任屬於馬爾康，以及一個回歸舊習、重視黑人男性勝過黑人女性的行動家社群。

> 有很多行動家認為修復式正義程序「修好了」他，而他們開始邀請他回到他可以把更多黑人女性當成目標、並且傷害她們的空間中。他們再度開始給他領導者的角色，並且容許他裝得好像什麼事都沒發生過，或者在某些情況下，還把他捧得高高的，因為他經歷過先前的過程。更簡單地說，這就像是他們知道他曾是個有暴力傾向的酗酒者，但他們認定現在邀請他回到酒吧來沒問題，因為他已經參加過匿名戒酒會了。

換句話說，為了修復式正義的特殊目的而構成的「道德社群」，並沒有達成它那一部分的承諾。羞辱犯行者的做法，並非出自夠深刻的尊重女性的文化，而整合的部分並沒有包含足夠的後續追蹤或關懷。從後見之明來看，瓊斯認為至少應該禁止馬爾康在任何社群組織裡擔任領導者的位置。

整合性的觀念

凱拉．瓊斯的故事闡明了修復式正義的許多難題。旁觀者的背叛可能有許多形式，而在爭取社會正義的運動中發生，可能特別讓人痛心；在這些場域裡，參與者心向團結與「心愛的社群」，但父權習俗在此卻根深蒂固。基於這個理由，要在針對女性的暴力犯罪中應用修復式正義程序，許多女性主義者對此態度保留。在關乎性別與權力的事務上，社群規範與信念還像現在這樣分歧而有爭議的時候，很難信任以社群為基礎的正義選擇，在處理性別暴力時，效果會比傳統司法體系好上多少。

除了這個概念問題之外，還有實行上的問題。首先是一致性的問題。如果我們繼續相信法律之前的平等正義是值得支持的原則，我們很難看出來，在每個協商會議或和平圈都有各自獨特的究責與平復計畫時，修復式正義實踐如何能做到這一點。

然後，還有代價的問題。與傷害作為者一起進行「積極的道德教育」，到頭來都相當耗費時間與精力。這不只是開一次會就可以解決的。社群參與者以自願者的身分被找來，投入好幾小時的時間，進行情緒上與知性上都很繁重的準備與長期追蹤任務。從比較成功的案例裡流傳出的軼事，指出每週跟單一加害者與單一受害者進行高強度的會議，可能會花上好幾個月、甚至好幾年，過程中會有人因為精疲力竭而退出。[12] 參與修復式正義程序，可能比陪審團的職責更繁重，在我們既有的司法體系裡，這可能是最貼近的類比了。而許多公民發現就算可以休假不上班，陪審團職責還是相當麻煩，他們會提出種種藉口來擺脫這種職責。

對修復式正義的自願參與者來說，缺乏經驗也可能是個問題。陪審員可能對法律不那麼清楚，但有法官指導他們跟聆審案件相關的法律事務。在司法的執行過程中，讓不同背景公民參與審判的重要性，遠高於熟悉法律枝節的專業陪審員。同樣的同儕參與價值激勵著修復式正義的自願者，但除了扮演陪審員的角色以外，他們還被預期要充當業餘的社工、心理學家及觀護人。他們需要想出某種方式評估傷害作為者的危險性、他的改變欲望有多真誠，還有他更生的可能性。他們還被期待要跟他一起工作，克服他的防禦心態，發展他的同理能力，以幫助他準備跟他傷害過的人會面。最後，在修復式正義的當面會面之後，預期中他們還要跟傷害作為者繼續保持長期來往，在對方可能會、也可能不會保持合作態度的狀況下，評估這個人是否真的按照先前同意的履行計畫「說到做到」，或者只是「嘴巴講講」。社群羞辱不見得會在加害者心中注入對受害者的同理心或真誠的悔恨之意，而社群中的自願參與者不見得知道如何監督再整合的過程。

最後還有一個議題，是有效預防未來的傷害。在連續犯、還有像是犯行者及其受害者之間已經確立了強制控制關係的販運與家暴的案例中，這點特別重要。如同我們在第一章所得知的，這種關係裡的暴力並不是一種反常狀況，反而是維持支配的一系列整合方法之一，也是重複模式的一部分。受暴婦女協助中心的人員指出，施虐者在施暴之後常常用大量道歉來勸誘他們的受害者，培養出暴力會止息、關係可以保留下來的徒勞希望。也因此，修復式正義中動之以情地強調道歉與和解，對於施虐者的操縱來說猶如量身打造。我們無法期待心存善意的社群志願者理解施虐關係中的權力動力學，或者指認出施虐者對其受害者行使支配的許多種幽微方式。在這種例子裡，修復式正義實際上可能導致施虐者的權力與控制得以永續，讓受害者面對更多危險。[13]

目前修復式正義運動還太過新穎，在預防暴力犯罪的再犯方面，沒能累積讓人信服的過往紀錄。這讓考慮嘗試修復式正義的倖存者陷入窘境。以一個群體而言，提供證詞構成本書核心的那些倖存者對於懲罰的感受很矛盾，對於監禁更是如此。然而在她們之中，有六位經歷全套刑事司法流程的人得到定罪的最後結果，加害者要入獄服刑；另外有幾位，要不是因為檢察官不打算起訴，她們本來很願意打官司。在這些特定例子裡，倖存者覺得監獄刑期是必要的，因為她們曾經近距離觀察這些男性有多危險，她們希望保護其他潛在受害者，而且她們看不出有任何別的方式可以做到這點。

如同薩丁娜所說：「我確實感覺到一種挺身而出的責任感，因為他實在太大膽了，還毫無悔意。我覺得我很確定他會再犯，而如果他確實再犯，我良心難安。我在這個案子裡領悟到，他可能是個感受不到同理心的人，或者可能有心理健康方面的問題。我會想要知道他在監禁期間是否有得到任何治療，還有他做了什麼以預防這種事再度發生。」她希望在他坐牢時會有什麼事情改變他。然而在此同時，她覺得他就該待在監獄。

理查・萊特（Richard Wright），一位童年曾見證過家暴的黑人行動家兼反暴力組織者這麼說：

「我們社群裡有句老話：某些人應該被關在監獄底下。」——意思是，某些犯罪者太危險了，永遠不該被放出來；他們需要永久與社會隔離。

另一方面，修復式正義的倡議者主張，我們現有的刑罰體系既貴的離譜，實際上又相當無效。起訴、審判與集體監禁的開支，遠超過為設計良好的修復式正義計畫提供適當經費、聘請專業工作人員可能產生的開支。而且監獄體系並沒有提供任何真正的社群安全前景。監禁只是讓犯行者在他的刑期持續期間失去行動能力。大多數被監禁的犯行者最後被釋放了，而且有非常高的再犯率。事實上，某些批評者主張，監禁讓初犯者變得冷酷，還讓他們一重獲自由就更可能再犯。

比起監禁孤立，許多犯行者確實可能更願意接受以社群為基礎的、密集的復歸措施。美國有個小型的前導研究，在性侵犯服完刑期之後，使用「支持與究責圈」(Circles of Support and Accountability) 來輔助他們。這些研究人員發現，比起一般的緩刑，修復式介入不僅減少再犯，也讓政府省了錢。[14] 對修復式正義做認真的公共投資，很有可能讓更多倖存者信任這個過程，也讓更多犯行者安全地再整合到他們的社群裡。

法律學者逐漸認可修復式正義處理暴力犯罪的潛力。從辯方的視角來看，這提供了過度懲罰式判刑之外的選擇，也提供犯行者承認自身作為的誘因。從倖存者的視角來看，這個做法提供了更大的發聲與彌補的希望。從公眾的角度來看，至少提供了更大的社群安全的可能性，經濟上的節省更不在話下。修復式正義跟傳統刑事司法體系再犯率的比較研究尚在初期階段，以至於無法得出堅實的結論，不過至少修復式正義似乎沒有比較差。[15]我們肯定需要更多、更大規模的成果研究。

有幾位法律理論家現在展望以新的方法把修復式正義的概念與實踐整合進傳統司法體系中。我們在第二章談到過的羅斯．倫敦教授提議，「讓犯行者罪有應得」的概念可以相容於修復式正義的基本原則，而他主張，如果修復式正義要脫離它的邊緣地位，獲得普遍的公眾接納，嚴重犯罪有某種程度的報應是必要的。他寫道：「修復式正義的核心貢獻，在於它聚焦於修復犯罪的傷害，而藉由採納這個觀點，我們拒絕了把修復式正義當成一組獨特做法的觀點，因而讓刑事司法規畫者能夠考慮大量可能達成修復目標的實踐做法。」[16]他主張，如果接受把某種程度的懲罰當成平復計畫正當的一部分，修復式正義就有潛力可以改造到適用於範圍更廣的各種犯行。

倫敦想像的法庭體系，是由一位法官監督過程，平衡受害者、犯行者與社群的利益。這位前任法官從想像中的法官席上，對一位想像中的犯人說道：「問你自己一個困難的問題：我有可能做到什麼，讓大家能夠再度信任我？」他想像中的修復式正義程序如下：彌補計畫包括犯行者接受某些制裁與苦行，作為他表示悔罪的方式；而他主張，在犯行者對平復計畫做了些貢獻，並且同意接受制裁（而非由法官強加制裁）的時候，復歸會更有可能。[17]以這種方式，倫敦想像出一個比較沒那麼嚴厲、沒那麼講求應報，又對所有人都更公平的司法體系。

澳洲犯罪學家布朗雯．奈勒也想像了一連串特別為性暴力犯罪而設的修復式正義可能途徑。在光譜的一端是形式最純粹、最激進的修復式正義，有時候稱為變革性正義（transformational justice），完全發生在傳統司法體系之外。這種過程就是凱拉．瓊斯所參與的，也是像瑪麗雅美．卡巴這樣的監獄廢除論者倡導的類型。[18] 在光譜的另一端，會是以法庭為基礎的傳統體系，修復式正義協商會議在此可能是向法官推薦判刑方式的選項之一，不過只有在一位犯行者進入正式認罪協商之後才能使用。

奈勒提議一種「中間路線」，一個「有正式法庭權力，卻更有彈性而講求合作過程」的混合模式。她想像的是一種專門的性侵法庭，有經過良好訓練、理解性暴力社會動力學的法官與工作人員。修復式正義選項會提供懲罰性較低、更重視復歸的制裁，作為犯行者參與的誘因，不過會要求他們正式承認責任，還要有法庭監督，確保犯行者徹底履行補償計畫。計畫本身會在適當準備之後，在一個由專業修復促進者組織與領導的會議中規畫出來。由一位法官簽署核可這個計畫，則可望確保制裁內容有某種程度的一致性與比例性。在結論中，她主張遍布整個英語世界的傳統兩造對抗制度在處理性侵問題上極其失敗，所以現在是該考慮，我們能從更激進的選擇中學到什麼了。[19]

凱拉．瓊斯仍然是修復式正義的倡議者，也仍然是監獄廢除論者。她邀請我們想像，無論犯行者是否被治癒，正義的成果可以根據**倖存者**獲得的療癒來衡量。她寫道：「就算馬爾康再犯，我經歷完那個過程以後還是健康得多，而且擁有一個社群跟資源作為防護，要是沒有這個過程，我本來不會得到這些。」

這正是重點。從我那些報導人的觀點來看，正義並不是以犯行者的命運問題為中心；最優先也最重要的是她們自己的恢復。就她們的觀點，道德社群的主要義務，是幫忙修復加諸於她們的傷害，唯獨在此之後，才去思考要怎麼處理犯行者。倖存者對正義的願景，是結合應報性與修復性的元素，為療癒受損的關係而服務，主要重點不在於受害者與加害者之間的關係，而是在於受害者與她們社群中的旁觀者之間的關係。換句話說，倖存者的正義要求是：在一個人受到傷害的時候，道德社群的第一要務是支持並關懷她。在社群擁抱倖存者的時候，正義就得到伸張了。

接下來問題變成要怎麼處置犯行者。這是整個社群都努力要對付的問題。倖存者無法獨自解決此事；這也不該是她們的責任，雖然她們肯定比大多數旁觀者更認真地思考過這一點。我的報導人們幾乎一致希望看到犯行者被公開揭發、因此蒙羞。當然，這可以被看成是應報性的，但在我的報導人在訪談中詳盡說明她們的動機時，事情就變得很清楚，揭發的主要目的不是藉著施加痛苦來「扯平」。她們反而希望揭發犯行者會動員社群肯認真相、指責犯行者，並且想出必要的步驟，阻止犯行者將來再傷害他人。

倖存者的願景中，修復式元素最明顯的體現是在她們聚焦於犯罪的傷害，而非抽象的違法，以及她們偏好盡可能糾正未來的狀況，而不是為過去復仇。她們願景中的修復性也在於她們強調社群承認與譴責罪行的重要性。然而，她們的焦點主要在於她們自己對於療癒、安全，以及與自己的社群再整合的需要，而非犯行者的再整合需求。她們承認社群必須找到一種方式影響犯行者，不過首先她們需要社群擁抱她們，把她們從自己消音與羞恥的重擔中解放出來。

要共謀體制究責

除了要個別犯行者負責的欲望，倖存者熱切地希望讓積極縱容、保護犯行者，並為犯行者掩蓋事實的體制負起責任。倖存者「丹尼爾」，小時候曾被波士頓總教區最惡名昭彰的一位戀童神父性虐待，二〇〇二年接受我訪談時，他的工作是為有困擾的青少年提供諮詢，而他參與了針對總教區提起的民事訴訟。隨著全美各地、然後是世界各地有越來越多倖存者出面，教會面對無數起損害賠償民事訴訟。在這個例子裡，美國許多教區的倖存者有資格提起集體訴訟。丹尼爾的訴訟最終導致一個里程碑式的和解金：二〇〇四年，面對代表五百五十二名受害者向一百四十位神父索賠，波士頓總教區同意支付八千五百四十萬美金的損害賠償金。[20] 現在，根據估計，教會為了解決民事索賠已經付出大約數十億美金，到目前為止這些訴訟還看不見盡頭。

丹尼爾談到他想像中對於加害者以及教會各級聖統的不同究責形式。在我們討論他想要加害者保羅．山利神父得到的後果時，丹尼爾在一開始引用他最要好的朋友所說的話：他提議「切掉那神父的耳朵，然後退還回去」。丹尼爾認為「這麼說真是很貼心，不過我對這種事不感興趣」。他補充說：「我甚至對我們刑事司法體系中監獄的那個面向沒有信心。」丹尼爾更感興趣的是讓加害者接受治療，而不是看到他被懲罰。「最重要的是他不會再犯，」丹尼爾說，「或許那意味著坐牢，因為在那裡像他那樣的人無處容身。我知道性犯罪者很難治療，我工作的某些孩子就是性犯罪者。他需要的是不確定的刑期，直到他被判定不再危險為止。而且不是靠著說他有乖乖洗衣服的假釋委員會來判斷，是仰仗說他只有最低限度危險的心理學家來判斷。」（保羅・山利神父事實上在二〇〇四年因為強暴兒童而被定罪，判刑入獄二十年。他提起上訴，麻州最高法院維持判決。他服了十二年刑期，在緩刑十年的條件下被釋放，二〇二〇年死於心臟病發。）

丹尼爾接著解釋他為何對天主教教會如此憤怒。後來曝光的事實是，波士頓總教區起碼早在一九九三年就知道保羅神父的戀童習性，當時他被送去做住院精神評估，還承認在一九八〇年代曾經跟他教區裡的多位年輕男孩發生性行為。教會當時默默地和解掉好幾宗訴訟，簽下保密協議，然後把保羅神父調到加州的一個教區。「他有病而且很危險，」丹尼爾說，「他們知道這點，而且對此什麼都沒有做。他們一直把他指派到會跟小孩子在一起的地方，一直沒有通知大家，而且還繼續讓告他們的人簽下保密協議，清單一直不斷加長……我想一拳揍到他們臉上，而我不是個暴力成性的人。**他們早該知道這樣不對。**」

被問起應該要求教會如何負起責任的時候，丹尼爾很激動地說：「他們可以從對十字軍東征道歉開始，然後再接著繼續。」就這句話來說，我相信他指的是：一個宗教機構要是能夠派出虔信者加入征服他人的「聖戰」，也能夠做出種種其他種類的暴行。他理解到教會聖統的專制本質免不了導向濫用權力，因此他想要看到它最強有力的代表們低頭。講到多年來一直刻意掩蓋波士頓總教區系統性兒童虐待事件的樞機主教伯納德・勞，丹尼爾說：「我很想看到他被剝去他的權威位置、他的大鑽石戒指、他的權杖，還有其他一切。我很想看到他真正做事，做些低下卑微的事。一千年的社區服務，這不是開玩笑的，不好玩，也不光彩。我有點想看到他坐牢，就坐個幾星期，只是感受一下後果。他們應該賣掉他的宅邸，把出售所得交給受害者。」

丹尼爾的究責願景，可以在〈對波士頓總教區的改革呼籲〉中看到迴響，這份二〇〇三年的共識性文件是由一群倖存者所合寫，除了要求教會公開自白表明責任以外，他們也要求有許多「可觀察的行動」，來表示教會認真要對倖存者做出公平且公正的彌補。他們要求對民事訴訟做出合乎倫理的和解，同時立即終止「強硬策略」與保密協議。他們要求教會停止在國家立法機構裡遊說反對延長刑事案件的追訴時效，好讓倖存者有更多機會站出來，讓更多神父可以在法庭上被問責。他們也要求教會贊助一個全方位服務的倖存者心理健康中心，營運將會完全獨立於總教區，由創傷專家與倖存者組成的董事會監督。他們要求教會贊助安全的退休之家，這些性犯罪者在那裡會被限制行動，只在有人監督的狀況下才可以離開。他們還要求全體神職人員承諾，定期參與關於權力動力學及其濫用的反省及訓練。

文件完成的時候，這個團體送出一封信，要求召開一個會議，當面呈送給總主教尚恩・派屈克・歐馬利，他是勞樞機主教的繼承人，經常公開表示他會跟倖存者在任何時候、任何地點會面。這個要求以及後續的兩個要求都被拒絕了。該團體接著寫下一份陳述，標題是「三度否認」，譴責總主教背棄那些受苦之人。[21]就這樣，由聖彼得建立於磐石之上的機構，再度重演背叛的悲劇。*

彼得對自己因懦弱而不認耶穌痛切地感到悔恨，而他祈求原諒。來自教會的悔罪表現卻沒這麼明顯。雖然教會二十多年來為數百宗民事損害索賠支付和解金，而這些金錢補償肯定對倖存者有益處，教會卻還沒以任何認真的方式，處理它在最高層級的體制性責任：庇護並掩蓋形同國際祕密戀童集團的事態。教宗確實任命了一個任務小組來研究這個問題，甚至邀請倖存者代表參與，但不久之後他們就辭職了，說他們不希望被當成門面，粉飾連他們自己都不相信會導致任何有意義改變的措施。勞樞機主教在《波士頓環球報》的聚光燈調查揭露他跟這些罪行的共謀程度有多深以後，確實覺得離開波士頓、去環境比較友善的梵蒂岡對他很方便，不過他從沒以丹尼爾以及許多其他倖存者希望的方式負起責任。他可能沒留著他的權杖跟他的大鑽石戒指，他也從未真的滿足謠傳中的畢生野心，變成第一位美國籍教宗，但他在羅馬的奢華舒適之中，在神聖的聖母大殿擔任總鐸，在修女們的服侍之下安享天年。在談到刑事暴力的體制縱容者的責任時，我們離倖存者的正義還很遠。

以羅馬天主教教會非比尋常的財富、組織的複雜性、還有全世界據估計有十三億的追隨者來說，鮮少有體制可以匹敵。不過有個體制可能很接近，就是性交易。比較這兩個體制可能看起來很奇怪，甚至令人震驚；一個體制承諾的是死後得到救贖的永恆福佑，另一個承諾的卻是更立即的世俗之樂。但兩者共同擁有嚴格的父權意識形態以及不透明的獨裁結構，這孕育出祕密性，並且縱容犯罪性的剝削。就像民法最近被用來展開對天主教教會問責的行動，追究它在兒童性虐待方面的體制共謀，以充滿創意的方式運用民法也有可能可以開始對全球性產業的某些組成元素問責，追究他們的種種權力濫用。

二〇二一年六月，有一宗值得注意的法律訴訟被送進聯邦法庭，原告瑟琳娜．佛萊特斯（Serena Fleites），性販運的受害者之一，還有匿名女子一號至三十三號——她們分別是美國、加拿大、英國、哥倫比亞及泰國的公民——控告Pornhub的母公司MindGeek、還有好幾家次要的色情作品供應商，因為他們同時違反民法與刑法，對她們造成了傷害。Pornhub是世界上最大的線上色情片經銷商。這個訴訟也點名MindGeek的執行長費拉斯．安東還有主要的金主伯納德．伯格梅爾都是被告。這幾位紳士顯然費了些力氣，讓他們的姓名與活動不為大眾所知。控告內容包括性販運，接收、運送並散播兒童色情，還有勒索。這些全都是聯邦罪。然而，使用民法而非刑法的重大益處在於這個事實：倖存者可以主動提告而不是等待聯邦檢察官起訴，他們可能會、也可能不會對這種工作感興趣。此外，控告內容包括好幾條侵犯民法的行為，像是散播有明確性意涵的私密內容。

這個訴訟還值得注意的另一處是，它也把Visa信用卡公司列為被告，主張犯行者是透過信

* 譯註：「三度否認」這個標題呼應聖經馬可福音中的記載，耶穌預言門徒彼得在雞叫之前將會三次聲稱不認得祂，結果應驗。然而聖彼得後來建立了教會。

用卡線上付款，所以該公司知情並縱容犯罪活動。負面公關已經迫使Visa信用卡與萬事達卡停止處理直接付款給從Pornhub下載影片的行為。這對Pornhub來說是相當大的經濟打擊，即使信用卡公司已經默默找出繞道的辦法，也就是容許付款在Pornhub網站上做廣告。

這個案件的主要律師，布朗魯德尼克法律事務所的麥可．J．包威，過去曾經成功地在洗錢與組織犯罪案件中追討到和解金。這是知名法律事務所的律師會在免費或勝訴分成的基礎上代表客戶的那種案子，他們知道客戶沒錢，但被告卻有巨額財富。要是她們的訴訟贏了，法庭判決的損害賠償金可能有好幾百萬美元，法律事務所肯定會得到很可觀的一部分。大型法律事務所也有經濟來源，可以進行追究這類案件通常必要的深入調查工作，而在這方面，他們的資源實際上比許多聯邦檢察官更好。

在此案的引言陳述裡，控告內容如下：「MindGeek是全世界最大的線上色情公司。它也是世界上最大的人口販運投機事業之一……被告們成功地創造出兒童色情、強暴影片、販運影片、以及所有其他形式非合意性行為內容的蓬勃市場……這門生意計畫很成功。MindGeek的被告們發了大財。」[22]

既然這是個民事訴訟，要是官司贏了，對被告來說的後果就只是用美元來衡量的受害者賠償，而不是刑事懲罰。然而，如果訴訟達到了證據開示的階段，就可以發傳票索取相關檔案，而且這些檔案必須被送交給法庭。被告也必須宣誓做證；意思就是他們必須發誓誠實回應原告律師提出的問題。所以，這個案子有可能暴露出這個國際企業的許多祕密運作，而這回過頭來可能導致被告面對嚴重的刑事責任。

我的同事、心理學家梅麗莎．法利是性交易研究與教育（Prostitution Research and Education）的執行董事暨創辦人，是她讓我注意到這一起法律訴訟；她估計MindGeek跟其他被告會竭盡所能，找到最強硬、最昂貴的律師為他們服務，而且會盡可能拖長使用「強硬」策略的時間，就像許多天主教教會教區所做的一樣。第一步策略往往是設法讓這個案子在簡易判決中被駁回。然而，如果這個策略失敗了，對被告來說有利的做法是花一大筆錢在庭外和解，而不是讓他們組織的內部運作被攤在陽光下。[23]在本書寫作時的二〇二二年六月，瑟琳娜．佛萊斯特的律師們已經在法官的指示下重新單獨為她提起告訴，而他們已經訴請證據開示。此外，MindGeek現在面對四項為倖存者提出且正在進行中的集體訴訟案（兩件在美國，兩件在加拿大），這些倖存者的影像未經她們同意就被濫用。同樣也在二〇二二年六月，一篇關於Pornhub訴訟案的文章出現在《紐約客》雜誌之後不久，執行長安東與MindGeek的營運長大衛．塔希洛（David Tassillo）就宣布退職。MindGeek否認這次領導階層換血跟公司的法律糾紛有關。

其中一件美國的訴訟案已經進行到證據開示階段，這表示很有可能會提議和解。被告跟她們的律師接著必須決定是否接受和解金，或者設法撐下去，爭取困難度更高得多的種種體制改變。

損害賠償提議幾乎總是造成倖存者原告的內部衝突。一方面，倖存者可能急需金錢。此外，損害賠償判決總還是代表某種承認與平反，也算是賠償，這是最基本的正義形式。另一方面，許多倖存者會覺得被經濟補償給玷汙了，就好像她們被「收買」了。對於身體確實曾被人付錢買過的女人來說，這種衝突特別劇烈。

而且，如同我們在第四章的羅斯・柴特案中看到的，除了來自縱容與掩蓋犯罪實際行為的體制給予的金錢，倖存者還想要許多其他種類的究責與彌補。可能偶爾有幾個特別惡名昭彰的犯罪者會被追究責任，但任何判決下的賠償金，通常可能只會被列入該機構的商業成本，然後一切就照舊運轉。真正的究責，需要的是會在將來避免重複這些罪行的深刻體制改變。

我們現在轉向探索對倖存者的彌補，可以如何透過某種方法被延伸與實踐，積極去除接受「髒錢」的汙點，修復倖存者與其社群之間的關係，並且孕育出體制性的改變。

III

療癒
HEALING

第 7 章

平復
Restitution

什麼，你認為我想要的就只是錢？什麼，你認為錢有可能償還你偷走的東西？

——艾希莉．M．瓊斯，〈現在補償！明天補償！永遠補償！〉1

加害者與社群如何對倖存者的苦難做出彌補？在傳統司法體系中，倖存者可以在民事法庭以金錢損害賠償的形式，向加害者尋求補償。不過就像我們在第四章所得知的，倖存者如果企圖取得這種形式的正義，要面對許多實質上的障礙。實際上，為了拿到錢就得先花錢，因為法律代表很昂貴，除非加害者有錢到讓律師願意靠勝訴分成接案。倖存者也要鼓

* 審訂註：作者在本章想討論的重點不只是金錢的賠償或補償，而是著重在「還給這個人她所失去的東西」。restitution 一般譯為「補償」、「償還」，但這會讓人聯想到具象的金錢或物質補償，不易對應本章敘述的倖存者藉由道德社群的各種積極努力而「變得完整」的整體療癒意涵，所以本章參考台灣轉型正義工作中以「平復」指稱各種針對受難者及家屬所為的傷痛彌平措施，將 restitution 譯為「平復」，部分段落視內容斟酌譯為「補償」。

起極大的勇氣，才能參與可能拖拖拉拉好幾個月或好幾年的兩造對抗爭辯。而且，也像我們在羅斯・柴特案（第四章）裡學到的，就算是有利於原告的法庭判決，如果被告沒有半毛錢，可能也只是一種象徵性的勝利。

然而，在所有這些實際困難之外，還有個更大的概念性議題：倖存者在設法想像對她們來說怎麼做才能糾正錯誤的時候，大多數人主要想的不是錢。這可能會讓人很驚訝，舉例來說，在我訪談過的倖存者中，只有一小部分表達出希望能從傷害她們的男人身上取得直接金錢損害賠償。某些人說，無論多少錢都不可能彌補傷害；對她們來說，金錢補償的觀念感覺就像是一種粗俗的侮辱。其他人則說，接受加害者的金錢會讓她們覺得自己妥協了，就好像她們被收買了。我們在第五章見到的藝術家艾咪・布萊佛德，在刑事起訴被否決以後，在民事法庭控告強暴她的男人。對她來說，金錢損害賠償是象徵性的。她要求他必須捐出三十美元給當地的強暴危機處理中心。在她心目中，這筆錢象徵猶大背叛耶穌的三十枚銀幣。讓我很震驚的是，她並不在乎事實上他很富有、而且能付得起更多上許多的錢。（那個強暴犯付了三十美元。）

許多倖存者確實痛心地談到她們的創傷結果導致的經濟損失，不只是醫療與心理健康照護的花費，還有損失的年歲與脫軌的職涯，有些人覺得應該給予經濟補償才對。我們在第四章見過的莉比亞・里維拉，反思對她來說正義會是什麼意思。她希望童年時性虐待她的鄰居，還有研究所時性騷擾她的教授都去接受某種更生。不過她也希望她的施虐者們必須付錢修復他們造成的傷害。「創傷是一種無期徒刑，」她說，「在妳被強暴以後，這件事會從那一刻起影響妳的整個人生。我花了多少錢在醫生跟醫院上啊！好多年的治療！我想那非常不公平。我真希望會有個機構充當仲裁者，好讓犯下強暴罪的人必須終生賠償。那筆錢會是從他的薪水裡拿出來的，就像稅金一樣。」

里維拉想像中的那種東西在美國確實存在，雖然這個事實在受害者服務社群以外並不廣為人知。一九八四年的《犯罪受害者法案》（Victims of Crime Act，簡稱VOCA），提供了一個同時針對個別受害者與社群的漸進式補償模型。這個法律是在隆納・雷根總統任期內通過的，他把它當成強調「法律與秩序」的犯罪防治計畫的一部分加以推廣。VOCA建立了一個全國信託基金來服務受害者，這筆基金來源不是一般納稅人的稅金，而是來自被定罪的犯行者繳納的罰金。受害者代表則獲邀在決定金錢分配優先順序的聯邦與州委員會中擔任委員。多年來，這些基金首先被用來補償個別受害者因為犯罪結果導致的工時損失與醫療帳單；其次，是支付刑事法庭中的受害者協助中心；最後，是用來支持基層社群服務單位，像是強暴危機處理中心跟受暴婦女庇護所。

在社群要求下，加害者以團體的方式，對作為一個團體的受害者做出彌補，個別加害者與受害者之間不需要當面會面。在這層意義上，我會稱之為進步。當經濟補償是來自社群授權並執行的普遍信託基金，而不是來自傷害某位受害者的特定個人時，受害者可能覺得比較容易接受，比較不像「髒錢」。有了共用信託基金，不論傷害某位受害者的特定個人是富有還是貧窮，她都能得到恰當的補償。這個立法也賦權給受害者，讓她們能夠發聲，跟社群裡其他成員一起做決定，這在平復中是最需要的。

在一份評估VOCA方法有效性的報告裡，一個稱為全國犯罪受害者中心（National Center for Victims of Crime）的非營利組織發現，這個計畫到目前為止非常有幫助，不過使用率卻過低，資金也不足。他們提議把納稅人的貢獻還有犯罪者的罰金都當成資金來源。他們主張國家作為公共安全保證人，共同肩負了平復的責任。他們寫道：「履行這項義務的一個重要方式，就是以提供經濟協助，公開承認發生在犯罪受害者身上的錯，從而肯認受害者曾經歷的傷害，並且幫助減輕犯罪的經濟後果。」[2] 請注意，這份報告呼應了我那些報導人的觀點，指出承認、證明清白與修復，是療癒受害者與社群關係的最重要元素。

這把我們帶到一個更大的議題上：對倖存者來說，比起迫使加害者提供金錢損害賠償，什麼樣的平復具有更重大的意義。許多倖存者理解，她們的苦難不只是個人不幸，還是更大社會問題的結果。因為她們知道，她們的社群裡有許多人縱容了她們承受的虐待，她們尋求的是社群以體制與文化改變的方式來彌補。在此我們會回顧好幾個例子，其中的特定案件導致更廣泛的體制改變。

工作場所中的療癒正義

性騷擾案可能採取的平復形式是創造一個安全工作環境，而這個做法可能接著就會要求將犯行者調離掌握權力的職位。在目前，似乎需要多次指控才能期待得到任何一種體制性的回應，而民事訴訟（或至少面臨民事訴訟的威脅）可能是必要的。這就是許多女性在 #MeToo 運動中出面、揭發掌權男性在工作場合中最駭人的某些行為時的經驗。「蘿絲」的經驗也是這樣，我們第一次見到的她，是第四章中提到的年輕強暴倖存者。這次創傷的十年後，她在一間州立學院開始一個新的教學工作，這時她被一位資深教員盯上了。「妳知道要讓一個取得終身職的白人男性教授被開除有多難嗎？」她問道。

在蘿絲說出的故事裡，那位教授的騷擾起於他對每個人都會說的評論：「那個新來的真辣！」沒有人說半句話；看來他這種行為大家都知道。可是蘿絲不再像她還是青少年時那樣無法自衛了。「我整個火冒上來，」她說，「我寫下過去十八個月裡的每一個互動。」在她收集好證據以後，她諮詢了一位律師，律師告訴她，她的文件夠提起民事訴訟了。然後她去找她的系主任、工會，最後是學院院長。在蘿絲開始發聲以後，有另外五位女性出面了。「我有了我需要的所有工具，」她說，「我去見院長，然後在一個星期二的下午三點講明條件。第二天早上八點整，院長說他找到錢做性騷擾與旁觀者干預的強制訓練，而這傢伙在學期中被攆走了。」

蘿絲在這個案子裡的成功，首先仰賴的是她開口發聲的勇氣，還有其他出面女性的勇氣。接著是所有蘿絲能夠動用的「工具」——女性主義者在性騷擾法律領域開拓超過四十年所發展出來的工具——讓這個集體行動變得可能。當然，這個故事裡還有更多後續。那位教授透過體制階層為他的停職做申訴，聲稱這是「反向歧視」，還有他對待蘿絲的方式不可能是性騷擾，因為說到底，她的年紀都可以做他女兒了。儘管如此，她的控訴在每次申訴中都得到支持。「就連校長都相信我！」蘿絲這麼描述。據她觀察，規定必上的教職員工訓練讓下個世代有更好的行為與更好的工作場所氣氛。「這樣很棒。這開啟了關於性騷擾的對話，而且因為他們的判定對我有利，這也讓我充滿力量，」她回想道，「透過這種方式，正義可以真的產生效果。」

請注意，蘿絲對於修復的要求並不包含對她自己的任何金錢損害賠償；她反而設法要她的機構做出懲戒行動，阻止加害者繼續待在他的權力位置上，並且為了改變容忍或寬宥權力濫用者的文化，在教職員工教育上投注資金。這可以被視為倖存者正義的成功範例。

也請注意，跟父權傳統與體制慣性的影響相比，蘿絲可以運用的「工具」相對來說還是比較弱的。要創造出一個強到足以取勝的證據紀錄，仍然要用上六個女人的指控、法律諮詢與累積十八個月的文件證明。

在我自己的大學，最近的一宗性騷擾案闡明了一位擁有終身教職的白人男性教授可以施展多大的權力。在這個例子裡，當哈佛調查了好幾個指控之後，讓一位聲名顯赫的教授放不支薪的行政休假，還有超過三十位非常知名的學界同僚，在不知本案事實的狀況下簽署支持他的信件。值得讚揚的是，院長批評了他們的行為，而他們大多數人難為情地在幾天後撤回他們的簽名。此後不久，三位曾是他學生的女性在聯邦法庭對哈佛提出民事控告，主張校方多年來忽視這位教授惡名昭彰的行為，並且舉出這位教授有能力動員他的同事不加質疑地支持他，這證明他有權力在專業上封殺她們。[3] 看來很明顯，蘿絲替自己及許多其他倖存者爭取到的那種平復方案：教職員工教育，哈佛也非常需要。

療癒正義：基層倡議

為倖存者創造有效的療癒服務，通常需要整合傾向於各自孤立運作的不同體系。警方、檢方、法庭及社會服務，一般來說具有非常不同的文化。然而，很清楚的是，少了穩固的合作關係，這些組成元素都無法獨力回應性別暴力中的種種複雜之處。出於必要，基層倖存者支持組織有時會跟前述所有組織有所聯繫，他們可以帶頭橋接這些分歧之處。

有一個實例來自我的家鄉，麻州劍橋市，該市最近出版了自己的《創傷知情執法創新做法指南》，這是透過市警局及其「家暴暨性別暴力預防創新計畫」之間的合作而來。這本手冊的基礎是在劍橋市已到位多年的一個模型。手冊中描述一個為期三天的警官訓練，會定期重複。這個訓練有三重目標：首先，幫助警官們理解他們自己的創傷暴露，並且提升他們自己的心理健康；其次，幫助警官們了解創傷對暴力受害人的衝擊——他們經常在像家暴這樣的危機情境中，遇到這些受害者——好讓他們以較沒有偏見也較為同情的方式回應；最後，是教導警官們如何在犯罪調查的整個過程裡，以更尊重體諒的方式對待暴力倖存者，藉此改善警方與一般大眾之間的關係。

為了在其他社群裡實施類似的訓練，這本指南的作者們建議，一個市或鎮的計畫委員會應該包括社群代表以及創傷專家，還有警局領導階層。他們注意到，大多數警局「在傳統的『法律與秩序』或軍隊文化，以及更偏向社會服務的取向之間，有某種緊張存在」。他們警告進行訓練的團隊要「預期並尊重（學員）潛在抗拒可能被視為『軟性』的內容」，而他們強烈地建議警局領導階層承諾出席整個訓練，藉以展現來自層峰的支持。如果老闆們不出席，基層很有可能做出結論，認為訓練並不真正重要，而用冷嘲熱諷的態度應付它們。4

心理學家芭芭拉．漢姆，這位來自暴力受害者計畫的同僚曾經參與過一些劍橋市早期的警察訓練，她告訴我，她確實碰到一些對「軟性」概念的抗拒，特別像是「經常正面遭遇暴力的第一回應者可能自己也在受苦，需要關注自己的自我照護」這樣的觀念。比較年輕的警官似乎能夠接受，但表達了他們的顧慮：承認他們有任何創傷後壓力症狀，可能讓他們顯得軟弱，而他們害怕任何脆弱的表現可能會招來某些同儕的嘲弄，還會被那些他們叫作「老鳥」的上司嚴厲批評。很顯然，要求持續展演典型陽剛強悍性質的傳統警察文化，對於警察自身、還有他們被要求去服務的社群中的人來說，都是有傷害性的。5

劍橋市警局的這個例子，闡明了療癒正義的概念如何從「修復倖存者需要什麼」的核心，擴大到承認療癒整個暴力社會生態的需要，其中包括案件第一回應者的文化。有一項對這個訓練計畫的評估，顯示出參與者辨識出創傷徵兆的能力增加了，他們也更有信心能夠運用新習得的訪談與調查方法，來保護受害者免於進一步受創。關鍵是，在他們根據對創傷更多的理解，改變對待犯罪受害者的方式時，他們也更有信心他們的單位會支持他們。這些鼓舞人心的初步資料支撐著一股希望：改變警察文化到最後也將有益於倖存者，而且會代表一種形式的社群修復。

療癒正義有多種方法可以擴大生態框架，「正義助妳暢行天下」（Have Justice—Will Travel，簡稱HJWT）這個組織的故事是另一個例子，這是個提供多種服務的法律中心，創辦人是一位名叫維諾娜．瓦德（Wynona Ward）的傑出律師。瓦德在維蒙特州鄉間一條泥土路旁的貧窮大家庭裡長大，她描述她父親是個「大家長」，對她母親極端暴力，並且同時在身體與性方面虐待家中全部五名子女。她早早結婚，跟她丈夫合夥當長途卡車司機。在輪到她丈夫開車的時候，她在卡車後座為她的大學學位讀書。畢業後，她贏得佛蒙特法學院的獎學金。

瓦德的倖存者使命，是用她的法律知識來幫助像她母親這樣的受暴婦女，還有像她跟她手足這樣的性虐待倖存者。她理解法律本身的力量很必要，卻還不足夠。為了說明這點，二十年前她剛創立HJWT不久、我第一次訪問她的時候，她就說了她最初某位當事人的故事，這個女人跟她母親很類似，住在一條沒有電話的偏僻道路上，而且沒有駕照。瓦德開車去跟當事人會面，在她家提供她法律服務。第一步是幫助這位當事人拿到永久保護令，然後是把子女監護權判給她的法院命令，前配偶得在監督下探訪，並且付子女贍養費。不過這些法律保障只是開始。瓦德承認，要確立真正的安全，需要的遠超過法院命令。這位當事人也需要有人幫忙取得在市鎮中的住屋，待在一個她不會被孤立的地方。她需要幫助，才能註冊一個能讓她取得高中同等學力（GED）的計畫。她需要學會如何開車。而最重要的是，她需要補牙。她的施虐者敲掉了她的門牙，她對自己的外表覺得羞愧欲死。瓦德了解缺牙的重要象徵意義：這個缺陷汙名化她的當事人，讓她成了刻板印象中那種「住拖車的廢物」，而她幫助她的當事人找到一位願意接受以聯邦醫療補助付款的牙醫。

瓦德描述，在第一次到府拜訪後一年，她的當事人有了工作，在一間小零售店當經理。走進那家店的時候，她說她幾乎認不出她的當事人。「她有了一種不同的態度。很自豪，就像是『我是號人物。我達到了某種成就』。」對瓦德來說，真正的正義不只是為暴力受害者掙得法律保護，還包括讓她們能夠復原，並且活得更好。這意味著把法律的力量從法院帶到人身上。我們可以把這想成是一種社群法律的實踐。

「正義助妳暢行天下」創立二十年後，在佛蒙特州成長茁壯。瓦德仍然是機構主任。這個組織的任務，仍然是跟農村地區的家暴及性暴力受害者一起工作，提供法律服務、交通，還有到府或者在安全地區的諮商，好讓受害者可以達到獨立。我最近再度訪談瓦德的時候，她回顧了過去二十年的變遷。她回報說，佛蒙特州現在有一半的法官是女性，而這點造就出差別。「她們現在受過良好訓練，而且她們承認在人經歷創傷之後，需要傾聽與理解。」不過她也承認，在她當事人的親身經歷與法律語言之間還是有個翻譯上的鴻溝。那就是為什麼法律代表仍然如此必要，還有為何貧窮女性仍然需要律師。

想像一下，要是像ＨＪＷＴ這樣的服務在每個社群裡都是標準配備會如何。這會代表對於倖存者安全與療癒的一種真正的承諾，也是讓倖存者得以平復的一種真實形式。

療癒正義：改變法庭

改變對倖存者反應方式的社會生態的創新作法，有時候來自法庭本身。在一個了不起的例子裡，刑事法庭法官，費南多．卡瑪丘法官閣下組織了一個特殊分流法庭，稱為「人口販運干預法庭」，這個計畫模型是專為紐約州皇后區因賣淫被捕的年輕人而設，現在已經被複製到許多其他轄區。在這個例子裡，改變始於法官逐漸體認到這些女孩其實是受害者，而不是罪犯。

在一篇題為「遭到性剝削的年輕人：一個來自法官席的觀點」的文章中，卡瑪丘法官寫到司法體系中對於賣淫普遍存在的錯誤觀念，而他從一九八五年開始在曼哈頓擔任地方助理檢察官以來，有許多年也抱持相同的誤解。在執法界、地方檢察官辦公室還有法官席上，他的許多同僚都想當然耳，認為「做那一行」的女人是自願同意的成年人，是出於個人自由意志做出「壞選擇」的「壞女孩」。他解釋，現實狀況大不相同。「在過去幾年裡，」他寫道，「我撤銷了許多女孩的刑事定罪，她們以成年人身分認罪的時候才十一歲、十二歲跟十三歲。她們在她們的皮條客指示下謊報自己的年齡……醜陋的真相是，許多被控賣淫的人實際上還是小孩。」[6]

卡瑪丘法官接著解釋，皮條客如何招募這些最脆弱的年輕人——逃家或者被拋棄的受暴孩子，大多數是黑人或拉丁裔女孩——還有這些皮條客的強制控制方法，如何讓他們的受害者一旦被困住，就極端難以逃脫。他描述一個發生在他法庭上，讓人記憶深刻的場景：有個年輕女子在她的皮條客打了她一頓以後，冒失地向警方告發，當時她正坐在第一排座位等著做證。皮條客進入法庭，走向那名年輕女子，然後在法警、律師以及「一位大惑不解的法官」面前打昏她。透過這個放肆的舉動，這名皮條客對他的受害者與所有其他旁觀者送出一個訊息：「**我擁有妳，沒有人可以在我面前保護妳**——警方辦不到，檢察官辦不到，穿黑色法袍的那個人肯定辦不到。」[7]

最後，在二〇〇三年的某一天，卡瑪丘法官受夠了。當時一位名叫詩凡的十六歲逃家少女出現在他面前，這至少是她第五次因為賣淫被捕，他已經在無數孩子臉上看到同樣那種死寂的眼神，而他決定不要判她通常那種二十天刑期。他反而叫她去「少女教育與指導服務」（Girls Educational & Mentoring Services，簡稱GEMS），這是個專門幫助賣淫少女的基層社會服務與自助機構。他很快就組織出一套跟GEMS及其創辦人瑞秋・洛伊德的固定合作模式，洛伊德本人也是一位倖存者；他也開始跟聖文生醫院的強暴危機處理中心建立夥伴關係。他再也沒有判決讓某個被迫賣淫的人去坐牢，不過他繼續鼓勵起訴皮條客，他認為這些人是賣淫業裡真正的罪犯。

起頭很困難。卡瑪丘法官仍然記得他首度開始他的計畫時，他的同僚們「又是竊笑又是耳語」。他沒有經費，就只是要求其他法官把他們的賣淫案送到他的法庭。他從鄰近的毒品法庭「借」了一位個案管理師過來，並且安排法律與社工的研究所學程派實習生給他。「我們必須拆掉藩籬，教育大眾，」他說，「這是個很難搞懂的困難議題。傾聽那些苦難實在太痛苦了；一般人寧願加以忽略。」[8] 然而，他堅持下去，而他慢慢地擴大跟受害者協助中心的人員以及檢察官之間的合作。「羞恥之幕開始被拉起，執法單位以及檢察官開始看到被販運的那些人真實的樣貌——她們不是罪犯，她們是受害者。」[9] 藉著把被販運的人分流到社福單位而非監獄，他免去她們的刑罰，反而提供她們機會逃離賣淫。

人口販運干預法庭的成功，逐漸說服許多懷疑論者，到最後這個分流法庭變成整個州、甚至是其他地區的實踐模範。有一部題為《爆炸》的紀錄片展現出忙亂的法庭，裡面滿是年輕的女人，她們坐在長凳上等著輪到她們，或者在走廊上跟法庭指派給她們的律師商談。[10] 法庭提供講西班牙語、華語、韓語及許多其他語言的口譯。卡瑪丘法官的後繼者芹田斗子法官閣下，以冷靜、公事公辦但仁慈的風度主持法庭。她估計，在案子最多的時期，這個法庭每年處理五百到六百件案子。

我問卡瑪丘法官，他認為要複製他這個法庭的成功，基本的要求是什麼。他回答說沒有標準公式；這全都是關乎與人對話。就他的觀點，下苦功跟從許多不同角度切入司法體系實際運作的人——法官、檢察官、公設辯護人、警方以及受害者協助中心的人員——建立個人關係，是無法替代的。我們一再從尋求司法體系變革的人身上聽到這個論點：建立一個還不存在的新道德社群需要社群組織，把平常不會彼此交談的人拉到一起，並且以尋求一個更佳方法的共同承諾為基礎，建立信任關係。

就像「正義助妳暢行天下」的維諾娜．瓦德，卡瑪丘法官與芹田法官描述，自從人口販運干預法庭創建後，他們已經看到過去二十年裡公眾態度與法庭實踐的改變。高知名度的案件與媒體的關注，幫忙改變了長期以來的偏見。《紐約時報》專欄作家尼克．克里斯多夫開始撰文談性販運固有的屈辱降格性質；紐約州州長在一個賣淫醜聞中被捕。類似的名人案件也博得媒體注意。在波士頓，新英格蘭愛國者隊的老闆羅伯特・克拉夫特被捕並且被控買春的時候，《波士頓環球報》刊出一篇〈親愛的『嫖客』——一封對買春者的公開信〉，是三位以姓名縮寫代稱的青少年性販運倖存者所寫。她們寫道：「這裡真正的故事不是關乎一個男人。真正的故事是關乎你們，所有認為買春可以被接受的人。」她們想要嫖客們知道，她們是活生生的人，不是玩具或性對象，賣春生涯是泯滅人性的。「現在你們知道了，」她們在結論寫道，「你們不能再假裝你們不知道……是這種需求在刺激這個數十億美元的產業。如果你們不買人，就不會有人販賣人。」[11] 芹田法官的評估是，「現在公眾覺醒的演化正朝著二十年前家暴覺醒的演化之路發展。」[12]

在這個截然不同的性販運觀點逐漸取得人們信任的時候，法律改革開始跟上了。卡瑪丘法官特別引述紐約的二〇〇七年反販運法案，其中聚焦於販運者的罪行，還有二〇〇八年《受剝削兒童安全港法案》，此法案創造出一個法律推定：因為賣淫被捕的未成年人是販運受害者。然而他提出警告，分流法庭的成功本身可能助長了有組織並且看來經費充裕的反撲，尋求徹底讓賣淫產業除罪化——這意味著皮條客與嫖客、還有身體被出賣的人，再也不會是被逮捕或刑事起訴的對象。

這把我們帶到當代女性主義思潮中的一個主要爭議：如何處理賣淫問題？在一邊我們發現有些可能被稱為新自由主義、自由至上主義或「性積極」(sex-positive)的女性主義者，她們主張性產業完全除罪化，讓市場力量統治。[13]自由派想要藉由正常化性交易，把它當成只是另一種工作，來終止壓制性的警察執法，並且去除跟性交易連結的汙名與屈辱降格。這會被認為是一種「減害」方法，期望在免除刑法起訴的威脅以後，「性工作者」也會擺脫提供她們「保護」的皮條客跟妓院老闆，可以留住從她們獨立小生意裡賺來的錢。

另一邊則是基進女性主義者，她們立志要完全廢除性交易，主張性交易本質上有剝削性，以最容易受害的女性與兒童為餌食。她們堅持「快樂的妓女」是性產業宣傳的虛構故事。讓我們面對現實吧：沒有小女孩立志長大以後（或者更合乎現實地說，到她十一、十二或十三歲大的時候），要讓陌生人、甚至是常客，每天晚上在她的身體內射精十到十二次。基於這個理由，這些當今的廢奴論者主張，販賣他人的身體確實是、或者應該繼續是一種重大犯罪。

一種在合法化賣淫以外的激進選項，是源於瑞典一九九九年的性購買法。在這些法律之下，性買家、販運者以及從交易中獲利的其他第三方（例如嫖客、皮條客跟妓院老闆）受制於刑法罰則，不過被迫賣淫者不會。這些法律不是奠基於保護公共道德這樣的假道學主張，而是基於一項社會階級分析：承認被迫賣淫者跟她們的服務買家及行銷者之間，權力極端不對等。這種所謂的北歐模型以瑞典為先驅，現在已經被其他好幾個國家採用，其中包括冰島、挪威、加拿大、法國、北愛爾蘭、愛爾蘭共和國及以色列。在實務上，雖然法律容許判刑上達坐牢一年，對於大多數嫖客的處罰都是罰款。瑞典法律也提供對於賣淫所造成傷害的公眾教育，還有給想另謀生路的被迫賣淫者廣泛的補償服務。這些做法希望不只是為從娼者提供保護，也要藉由提供更安全、更有尊嚴的謀生之道，來彌補她們承受過的傷害。

那些支持完全除罪化的人則主張，以警力對付賣淫，並沒有保護到身體被販賣的人，事實上還讓她們的生活更悲慘而危險。在世界各地許多國家以及美國內華達州執行的那種政府管制也一樣無用。這是因為那些被責成要用警力對付賣淫的人，通常利用他們的權力占便宜，要求性工作者提供他們免費服務，作為她們得到自由的代價。有相當多證據支持這個論證。最近有一份針對來自五大洲的報告所做的綜合性回顧，得出這個結論：「警方對性工作者的壓制性執法，增加了她們染上ＨＩＶ及其他性病、暴力經驗、經濟勒索、無套性愛的機率，還減少了得到正義的管道。」[14]

另一方面，我跟其他基進女性主義者會論證，要處理性交易造成的傷害，廢止壓制性的警察執法是必要的，但並不夠。少了警察並不等於出現安全，肯定也不同於正義或修復。可以理解的是，曾遭受警方可怕剝削的人可能希望可以擺脫國家在性交易方面扮演的任何角色，不過賣淫完全除罪化仍然讓出賣性的人受制於嫖客與皮條客。許多國家的賣淫合法化研究都指出，事實上，預期中的減害並未實現；賣淫者仍然主要受到人口販運者控制，並且有相當高的比例暴露於暴力、無保護措施性愛及ＨＩＶ病毒之下。[15] 舉例來說，在紐西蘭，賣淫在二〇〇三年合法化，當時熱切期望這能改善性工作者的條件，但有一份政府委員會報告在五年後做出結論，說這些希望落空了。他們訪談的大多數性工作者覺得，暴力是性交易無可避免的一部分，而且法律對此幫不上太多忙。[16]

瑞典賣淫法的二十年經驗產生了大量的證據，指出比起完全除罪化，北歐模式不管是在減少整體性交易，或是減少針對被迫賣淫者的暴力方面，都更有成效。[17] 特別值得注意的是，在這些法律通過後的二十年間，瑞典沒有賣淫者被謀殺，然而在把賣淫合法化並規範為性工作的鄰國，像是丹麥、德國及荷蘭，針對性工作者的謀殺及其他形式的暴力則持續不衰。[18]

在本書寫作此時，紐約州議會在考慮兩個互相競爭的賣淫相關法案，一個倡議完全除罪化，另一個稱為《平等法案》，則是鼓吹北歐模式。卡瑪丘法官為了支持《平等法案》，經常前往奧爾巴尼跟州議員們進行談話。「我們現在處於一個轉捩點，如果完全除罪化通過，恐怕二十五年份的工作成果就要付諸流水了，」他說道，「賣淫在紐約州是價值數百萬美元的產業。買家是關鍵。如果完全除罪通過了，需求會高到破表，為了滿足需求會增加更多的人口販運。然後會由有組織的犯罪接管。他們已經進場了，現在還在地方幫派的層級，一旦等到碰上國際幫派，你就永遠無法擺脫貪腐了。」[19]

卡瑪丘法官仍在跟他第一位送去接受照護而非坐牢的年輕女子詩凡保持聯絡。她偶爾會到他的法庭來，讓他知道她已經改頭換面了。「嘿，法官，我有一份好工作！」「嘿，法官，我拿到我的駕照了！」「嘿，法官，我現在在上大學！」在他講這個故事的時候，別人往往說他拯救了詩凡的人生。他不是這麼看的。他反而以很有他個人特色的謙遜問道：「妳想是誰最需要被拯救：一個被迫從娼、心存恐懼、十六歲的逃家孩子，還是一個四十三歲的法官，他多年來都對我們最脆弱的孩子承受的苦痛置之不理？我想真相是，她跟我，可能以不同的方式拯救了彼此。」[20]他說，他還是對自己參與這個懲罰並貶低受剝削年輕人的體系感到羞恥，也對商業化性剝削持續以種種方式受到社會寬宥而感到憤怒，不過他能夠用種種方式讓這些年輕的生命有所不同，也讓他覺得有補贖前過的感覺。「我相信我們每個人內在都有一道光，」他說，「如果你一而再、再而三地受苦，那道光會熄滅。我可以看到那道光熄滅後的死寂眼神，也可以看到那道光回來時的樣子。」[21]在奉獻給正義的職業生涯中，他開始相信，修復犯罪受害者及其道德社群中受到牽連的旁觀者之間的關係，可以療癒所有人。

倖存者的正義

總的來說，平復可以採取許多形式。有許多不同的辦法，讓倖存者可以藉由她們的社群而「變得完整」，為了她們受的傷而直接給予個人經濟賠償，只是其中之一。對於許多倖存者來說，有證據顯示出社群積極努力改變容許暴力與剝削猖獗的體制，也一樣重要。這可能表示，需要犯行者藉由付錢給提倡療癒的危機處理服務，來償還受害者。這可能表示，把性連續犯從工作場所的權威位置剔除，並且改變工作場所的文化，好讓他們的行為不再這麼消極地被容忍。這可能表示，把受害者協助中心的人員帶進法庭，或者把法律服務帶進女人的家裡。這可能表示，改變警察局內部的男子氣概文化。這可能表示，發展專門法庭來協助性販運受害者，或者改變去除她們的人性、把她們當成罪犯對待的法律。所有這些修復的創新形式，都可以代表倖存者的正義。

第 8 章

復歸

Rehabilitation

我再也不想當那種傷害人的白痴了。

——「傑瑞」，性罪犯處遇計畫結業生[1]

如果把加害者關起來不是衡量正義的標準，那麼我們能做什麼來遏阻他們重蹈覆轍，保護公眾的安全？倖存者通常把復歸看成比懲罰更好的一種正義形式。許多人說，如果讓她們做主，她們會希望傷害她們的人能在某種引導下悔罪並且改過。不過悲哀的真相是，雖然司法體系這樣重金投資在監獄上，在復歸方面卻甚至從沒有花過能勉強相提並論的投資。因此，對於實際上要怎麼樣做才能讓加害者棄絕暴力，並且為他們的罪行感到真正的悔恨，我們所知甚少。我們不知道如何在缺乏同理心或共通人性感受的人心裡灌注這些東西。既然絕大多數的罪犯從沒有引起任何形式的公眾注意，

* 審訂註：rehabilitation 一般譯為「復歸」或「更生」，復歸為矯正系統的一種典範：使更生人重返社會。根據作者在本章所要討論的概念，將 rehabilitation 譯為「復歸」，部分段落視內容斟酌譯為「更生」。

我們缺乏關於他們的最基本資訊：他們是什麼人，是什麼導致他們犯下罪行，以及有什麼可能引導他們達到道德覺醒，從而讓他們安全地再整合到他們的社群中。

媒體與專業圈子裡常會重複提出一個非常受歡迎的觀念，也就是大多數性暴力加害者自己在童年時必定也曾受虐。這是真的嗎？坦白說我們並不確定，但有可能並非如此。事情有某種解釋是很安慰人心，然而一旦仔細檢視，就會發現證據非常薄弱。舉例來說，大多數性罪犯研究的對象是已經被定罪的囚犯。的確，這些研究通常會發現許多人有童年受暴史。[2]不過一般來說，被囚禁的人都是如此；事實上，被監禁的女性（其中大多數因為非暴力罪名入獄）有童年受害經驗的比率，跟性犯罪的男性受刑人一樣高，甚至更高。[3]所以，對囚犯的研究並沒有告訴我們關於性犯罪者的特殊狀況；這些研究只告訴我們，到頭來去坐牢的人曾經歷過的不幸。

此外，既然大多數性犯罪從沒有被告發，絕大多數犯下這些罪行的男人從未被繩之以法，我們自然無法光靠研究少數被捕又被定罪的犯人，就得出對大多數犯罪者的任何推論。舉個極端的例子，最近在明尼蘇達州對已定罪的性犯罪者所做的一項研究結果顯示，其中超過百分之八十是黑人男性。[4]這表示大多數性犯罪者都是黑人嗎？當然不是！這反而反映出美國刑事司法體系巨大的種族差距。太常發生的事情是，讓黑人男性受審、被定罪並且判處長刑期的罪行，換成是由白人男性犯下，就不會有任何法律後果。有害的種族歧視性與父權式幻想——黑人攻擊「純白人女性」——在過去煽動私刑暴民，現在仍然在刺激著大眾。國家在那些陌生黑人攻擊白人女性的罕見事例中，不遺餘力地追捕並懲罰犯行者。但在現實中，大多數強暴犯並不是受害者不認識的陌生人；他們是熟人、老闆、約會對象、男友或丈夫。在美國，大多數強暴白人女性的男人是白人。如同我們在第三章看到的，他們被捕或者被懲罰的機率趨近於零。

一般來說，沒有被抓到的加害者不會自願成為研究對象，所以我們幾乎對他們一無所知。進一步了解身處在我們之中的加害者並不盡然是公衛研究的優先事項，所以在目前，我們甚至對於流行病學中最基本的問題都沒有答案。我們不知道在一般人口中有多少百分比的男性犯過強暴罪，或者這些男人跟沒有這麼做過的男人如何不同。有些罕見的保密研究以社群中在逃的加害者為對象，得出的結果讓研究人員大惑不解，想找出個解釋。總的來說，這些加害者並沒有顯示出童年受虐；他們也不符合任何精神病診斷的判準。就像其他在暴君政權許可之下犯罪的人，他們看起來正常得讓人驚恐。[5]

記者瑞秋・路易絲・史奈德花了很多時間觀察家暴男性處遇團體，評論說他們看來就像她可能樂於一同小酌的普通男人。「我們在尋找爪子跟尾巴，」她寫道，「但我們找到的反而是魅力與親和力。一開始施虐者就是這樣吸引到受害者的。」[6]我們可能會認為性別暴力加害者大半是機會主義犯；也就是說，他們如果沒有很好的理由相信自己永遠不會被問責，他們犯下這些罪行的可能性就會低上許多。

我們確實知道，許多性別暴力加害者擁抱極度厭女的態度，以此合理化、甚至美化自己的行為。就像南加大的一位兄弟會成員，他在他的個人新聞週報裡談論如何做個「種馬」，他是這麼講女人的：「她們不像我們男人那樣是實際的人。」[7]可以預料的是，在同儕之中提倡這種態度，轉譯成厭女的實際行為以後可能會上升到包括暴力犯罪。近期有些保密研究以大學校園內犯下性侵罪的男性為對象，研究中描述，許多人還年紀輕輕，就已經發展出一種累犯模式。8

我們在第五章見過的護理師莎拉．強森，高中時被同學強暴的倖存者，描述她發現自己不是那男孩第一位受害者時所感受到的衝擊：

那位警探告訴我，他知道發生了什麼事——他對五個到十個其他女孩都做過這種事。有人指控過，但她們沒有一個人願意提告。他說：「莎拉，如果妳這麼做會幫助到許多女孩。」在他被捕的時候，他父親打電話給我們說道：「妳要多少錢？我們不能就解決這件事，然後把它忘掉嗎？」我爸掛了他電話。他父母總是給他一切，總是救他脫困。我不知道那種人有沒有更生的可能。

在這個案例裡，事實是那位父親反覆替兒子掩蓋犯行，讓那男孩數度犯罪卻逍遙法外。而可以肯定的是，傳統智慧主張累犯比初次犯罪就面對司法的人更難更生。

我們在第五章見過的安妮．瑪麗．杭特牧師，考慮到社會如何縱容家暴者的行為，她對於家暴者的復歸表達了同樣的懷疑態度。她有第一手經驗，知道司法體系通常無法執行法庭的保護令與子女贍養命令，還有神職人員有多常以履行婚姻承諾、保持家庭完整為由，勸女性承受虐待。她認為因為家暴者照著暴政規則生活，對他們來說，唯一的改變動機，可能是來自較高

（男性）權威的強力命令。關於她的前夫，她很確定無論有多少來自女性的譴責，對他都無關緊要。照她的想像，唯一可能造就差別的做法是「如果他那位同樣虐待妻子的父親洗心革面，去跟他說他也應該如此，或者他老闆告訴他，他做的事情是不可接受的，或者一位宗教領袖當面或是從講壇上強力譴責他」。

大多數既有的復歸計畫，包括修復式正義的計畫，事實上的確仰賴刑事法庭的較高權威還有懲罰的終極威脅，來確保犯行者的順從。自願參與這樣的計畫是不尋常的。既然事實上大多數犯行者根本沒走進過法庭，我們對於既有復歸計畫所知的事情幾乎沒有告訴我們，對於大多數有罪不罰的犯行者來說，怎麼做可能會有效。此外，因為對於犯行者復歸的投資少之又少，鮮少有處遇計畫收集到足夠的後續資料，可以告訴我們任何超過傳聞證據的內容，來說明計畫的有效性。儘管如此，我們確實有少數幾個以倖存者為中心的復歸模型，我在這一章裡會回顧這些模型，藉此幫助我們前瞻可以如何開始發展倖存者正義的這個面向。

為親密伴侶暴力而設的計畫

最廣泛實施而且紀錄詳盡的家暴者處遇計畫，被稱為「德魯斯模式」（Duluth Model），來自一九八〇年代創造出「暴力之輪」的明尼蘇達州基層女性主義組織。該組織現在的任務稱為「家暴干預計畫」（Domestic Abuse Intervention Programs），目的不折不扣就是要終結針對女性的暴力。它的網站上寫著：「我們讓各種不同的受暴女性發聲：把她們的經驗，轉譯成以受害者安全為中心的創新計畫與體制改變。我們跟世界各地的社群建立夥伴關係，激發社會與政治意志，去終結針對女性及其家人的暴力。」[9]

常有人會將家暴與「憤怒管理」搞混，德魯斯模式奠基於一種對家暴的理解：這不是一個有心理困擾的男人需要發洩他的憤怒，也不是失去控制，相反地，這是一種選擇，一種精心算計的手段，目的在於確立對另一個人類的支配與控制。計畫提倡者相當正確地指出，大部分攻擊伴侶的男性完全能夠在他們的老闆或同事面前控制他們的憤怒。施虐者只對比較沒有權力的人施展他們的暴力。德魯斯復歸模型為了保護受暴婦女，並且命令施暴者進入門診治療，需要協調警察、檢察官與法庭干預的力量。這是一個明確以受害者為中心的模型，敦促司法體系以受害者的安全與福祉，作為衡量其成功與否的主要基準，而非定罪加害者。

這就是杭特牧師在她的講道詞（第五章中曾引用）裡提到的，經過認證的家暴者干預計畫。犯行者接受團體治療，那裡會教導他們關於性別、關係、權力與控制等議題的內容。他們會得到機會去處理他們對這些事情的感受，並且指出彼此的合理化與藉口，他們對這點認識得太清楚了。針對遵循此模式的計畫所做的研究，提供了某些有希望的結果，顯示在一、兩年後行使暴力的報告減少，倖存者的自尊也有進步。[10]

這種形態的處遇計畫也面對嚴苛的批評，聲稱它們沒有充足的「證據基礎」，或者更粗糙地就說它們不管用。這種批評有許多是來自聚焦於犯行者的個人病理，並且拒絕家暴社會分析

（特別是女性主義式分析）的心理衛生專業人士。這種批評也來自政策制定者，這相當可以理解，這些人想要實質的證據，說明任何花在這種計畫上的經費花得值得。

在一份考量周到的回顧報告裡，這個領域的一位長期研究者愛德華．岡多夫，解釋了為何生物醫學研究模型不適合用來評估這種計畫。所謂的醫學研究黃金標準，是隨機對照試驗。一種實驗藥物的劑量與用藥程序是標準化的，好讓每位病人都得到完全相同的治療，病人被隨機分配到不同的治療條件，而病人與研究人員都處於雙盲狀態，好讓他們在所有結果被記錄下來以前，都不知道是誰得到治療。在研究心理社會干預的效果時，要對「有證據基礎」的處遇結果研究採取這種程度的嚴格性，根本就是不可能的。

如同岡多夫所解釋的，家暴者處遇計畫是由許多動態因素構成的複雜組織，這些因素之間必須共同運作良好，才能同時平衡心理健康與刑事司法目標。還有許多變數必須被納入考量：舉例來說，誰被轉介去接受治療、治療多久，以及有什麼樣的後續追蹤。關於接受治療的那些人，顯然並不是所有家暴者都是一樣的。某些人可能對多種不同治療都反應良好；某些人可能有特殊需求，必須被納入考量；某些人是真正的社會病態人格者，任何已知治療方法可能都無法影響他們。如果轉診制度能有良好的風險篩選方法，可以讓最危險的犯人不至於被送去做門診治療，這些計畫會有比較好的結果。

然後，處遇計畫與法庭之間還有合作上的問題。在某些計畫裡，法官與緩刑官積極參與定期的後續追蹤，所以退出處遇的犯行者肯定會面對後果；那些計畫的處遇退出率會比較低，成果也比法庭監督較鬆散的計畫來得好。並不需要很嚴重的後果才能遏止進一步的暴力，但確實需要這些後果是迅速又可預測的。這意味著改變許多法庭中的現行做法，在這些法庭裡，違反法院命令的後果理論上可能很嚴重，但監督很零散，所以事實上做出新的違法情事卻逍遙法外的機率很高。

岡多夫主張，光靠緩刑或者處遇都無法證實有效；反而是結合家暴者處遇計畫跟積極的法庭監督，能有效減少再犯率。如同我們在第七章所看到的，為倖存者創造真正的安全，通常需要司法與心理衛生體系之間有新形式的合作。他做出結論：既有的資料足以鼓勵我們支持繼續實踐遵循基本德魯斯模式的計畫，同時額外關注像是物質濫用、還有對不同族裔團體保持文化敏感性等議題。他推薦的主要延伸做法，是計畫工作人員與代表家暴反應生態系的社群代理機構之間，加強彼此的個人連結，好讓臨床醫師跟受害者協助中心的人員、警方、檢察官、緩刑官與法官之間，有彼此直呼名字的良好工作關係。[11]

請注意，這與卡瑪丘法官在第七章推薦的是同樣的社群建構。換句話說，要改變如此廣泛、在地方如此根深蒂固、又這麼長期被忽略，被視為受害者個人不幸的暴力行為，需要社群組織發展出一個嶄新、複雜、而且經過良好協調的社會干預體系。這個意思是，在實際上建立一個另類道德社群，這個道德社群不再寬宥暴力或替暴力找藉口、對此裝聾作啞，而是完全接受自己負有要結束暴力的責任。

在亞特蘭大，一個稱為「男人停止暴力」（Men Stopping Violence，簡稱MSV）的團體發展出自己的社群究責模式，闡明一種建立另類道德社群的方式。它始於一個為期六個月的家暴者干預計畫，但其發展不止如此，還參與了更廣大的文化改變。MSV不是聚焦於個別犯行者的病理狀態，反而做出如下診斷：父權體制把男子氣概定義為支配，而針對女性的暴力就是免不了的後果；MSV接著就把它的計畫從家暴者干預擴充到社群行動。它主張家暴者干預計畫雖然是必要的第一步，但光靠這種計畫絕對不足以處理這個問題；首先，因為大多數家暴從來沒被告發到執法單位，再者，因為逮捕與法庭命令下的處遇等重擔，是不成比例地落在勞工階級男性與有色人種男性身上，同時擁有最多特權的男性卻從未被要求負責。最重要的是，MSV把家暴設想成實質上寬宥此事的整個社會體系的問題，而不只是事涉個人的問題。

MSV發展出的某些創新作法，包括要求犯行者邀請來自他們社群裡的其他男性——朋友、家人、同事、牧師及兄弟會的兄弟——加入他們的家暴者教育團體，並且參與他們的討論。這些男人變成了犯行者的「當責夥伴」。MSV承認一旦團體結束了，面對父權社群規範，個別犯行者會很難維持改變。當責夥伴變成另類的支持體系，長期來說，比起緩刑制度，它的脅迫性肯定較少，且潛在效果更大。

同樣重要的是教育計畫對於當責夥伴本身的影響。這些男性可能從來不暴力，但他們也可能質疑自己的男性至上信念，也可能變成變革推動者。完成六個月教育計畫的犯行者與他們的當責夥伴，自己就可能變成社群教育者。MSV贊助一種創新作法，稱為「社群回復計畫」（Community Restoration Program），既充當計畫結業生的持續支援團體，也吸引他們參與某些活動，像是指導年輕人，還有對社群團體演講，談論針對女性的暴力。[12] 在犯行者變成社會變革的觸媒時，他們就有機會藉由回報自己的社群，不只達到個人的更生，還在更廣大的意義上做出彌補。這個模式體現了倖存者正義的補償原則。

性犯罪者處遇

我們已經注意到，極少有性犯罪者自願尋求復歸。只要他們的攻擊行為能夠逃過追究，他們為何要尋求復歸？因此，對這個群體的大多數既有處遇模式，是發展出來用於被監禁的男性，或者入獄服刑一段時間以後，在法院命令下進入門診治療的人。因為這些罪行而被判刑的男性，在整體犯罪者人口中只占有極小的比率，以至於為他們發展出的處遇方式，對於從未面對個人行為的任何法律後果、從未被發現的大多數犯行者來說，可能沒什麼相關實用性。時至今日，性犯罪者處遇有效性的證據都是模稜兩可的。在一篇最近的回顧研究中，這個領域的兩位專家，心理學家吉兒・史汀森與茱蒂絲・貝克，批評了先前的處遇模式，並且做出結論：控制最良好的研究，在減少再犯方面呈現出「薄弱、混雜或無效」的結果。

史汀森與貝克提議了一個「有證據基礎」的新處遇模式，是在兩個住院司法心理衛生機構與一個收容性暴力連續犯的機構裡發展出來的。可以預期的是，這些被監禁的病患比起在社群裡自由活動的絕大多數犯行者，都有更明顯而嚴重的缺陷。他們的詳細處遇手冊，稱為「安全犯行者策略」(Safe Offender Strategies，簡稱SOS)，指定每週進行心理治療療程，通常是在團體裡，建議平均延續時間為四年。她們體認到治療犯行者需要一種類型非常特殊的治療師，這樣的人儘管知道這些病患曾對其他人造成多少傷害，還是能夠同理這些病患，而且可以接受他們實際的樣貌，暫時擱置判斷，同時還設法讓他們有改變的欲望。

一個SOS的前導研究顯示，經過兩年治療，與出席頻率不定的受刑人相比，規律出席療程的受刑人的爆發性攻擊行為、重複犯行(就算在機構限制之內，犯行確實還是會發生)、自殺行為、還有被約束與隔離的狀況都比較少。[13] 這些結果可能乍看很有希望，但實際上我們已經知道動機是治療結果的最佳指標之一，所以這個前導研究，其實只是增添了「確實出席的病患在治療中表現較好」的證據。對於這種特定治療形式的有效性，這則研究沒告訴我們太多事情。雖然這份新手冊考慮周到，SOS模式卻還需要證明其對最後回歸社群的病人有良好效果，更別說是對更普遍的非住院犯行者群體的效果了。所以現在要說它「有證據基礎」，似乎還太早了一些。不過「有證據基礎」已經變成某種流行用語，專門用來打動學院內以及政府政策圈子裡的資助者。

以監獄為基礎的處遇所面對的某些挑戰與複雜之處，可以透過「正義助妳暢行天下」創辦人維諾娜·瓦德的故事來闡明，我們在第七章裡見過她。還是年輕女孩的時候，她跟她哥哥理查很親近。他在她七歲、他九歲的時候教她打獵(為了取得食物而非運動)，年紀還小的時候，他就經常在他們的父親毆打母親時設法干涉，即使心知肚明自己也會挨揍。所以她把她哥哥看成充滿關愛與勇氣的人。但理查身為獨子，也是他們父親的「王國」「繼承者」——這是瓦德的說法，雖然他放過了他的玩伴維諾娜，卻性虐待他們的兩個妹妹。這兩個女孩在她們還小的時候從未提及此事，但在多年以後，瓦德得知理查開始虐待她們六歲的姪女時，她決定這一家的暴力循環必須停止了。她跟她的兩個妹妹聯手告發了這個罪行。理查被捕、受審、被定罪，並且入獄服刑。

就像許多其他涉及兒童虐待的法庭案例，這個案件撕裂了這一家人。她們的父親、母親跟大姊堅持一口咬定理查無罪，並且鼓勵他在多次上訴過程中堅守否認立場。兩邊家人彼此多年來互不交談。瓦德描述，在審判時，檢察官問她一個預料之外的問題：「妳愛妳哥哥嗎？」「我在我哥還是個善良小男孩的時候就認識他，」她回答，「我父母把他變成一個怪物。」她也承認，雖然她可以看見理查的人性，她姪女卻無法。瓦德並不怕理查，依舊關心他，而且希望他得到幫助；然而，她的姪女還是極恐懼理查，只希望他永遠被關起來。

理查仍然完全否認一切，直到他們的父親過世為止。直到那時，他才準備好承認他做過的事，並且進入一個性罪犯的監獄處遇計畫。換句話說，甚至是國家最強制性的力量，也不足以打破他父親在這位罪犯兼受害者身上施加的強制控制。只有他父親的死，才釋放了他。

理查一承認虐待他姪女，並且開始犯行者處遇的時候，瓦德就開始到監獄去探望他。她認為這個計畫對他有好處。「他們跟他工作了一年，讓他承認了所有的虐待行為，」她這麼描述，「他寫了他的自傳。他知道如何講該講的話。我那時滿懷希望；他有進展了。不過這件事仍然不真正是他的錯；仍然是受害者的錯。他對受害者沒有同理心。同理心會是最後才發生的。」

儘管理查有進步，他還是一直缺乏同理心，因此瓦德跟她的妹妹們不覺得他準備好被釋放出獄了，她們反對假釋的建議。理查死於獄中。「我真心希望我哥哥能出獄，享受大自然，種點東西，」瓦德說，「那個處遇計畫好極了。我看過研究說那是全國最佳計畫之一。但就算有這種計畫，我還是怕死了他會再去虐待別人。」換句話說，就連以監獄為基礎的最佳計畫，都還只是發展中的半成品。特別是對累犯來說，處遇並未提供囚犯可以安全回歸社群的可靠保證。

有個以小社群為基礎、專為較輕度的性犯罪者所設的計畫，經常被引述為一個很有希望的模式，因為它有某些已出版的成果資料。這是一個稱為「恢復」（RESTORE）的示範計畫，是由心理學教授瑪麗．柯絲，根據一種對修復式正義原則的女性主義理解而發展出來的。[14] 這個計畫仰賴刑事司法體系，轉介一些經過挑選、有可能進行修復式正義協商會議的犯罪者。在超過四年時間裡，亞利桑納州圖桑市的地方檢察官辦公室排除涉及高度暴力或累犯的案例，轉介了六十六名男性到這個計畫。固定安排是先尋求「受害者／倖存者」的同意。計畫主動連絡她們，能夠聯絡到的有五十七人，其中有三十九人（大約三分之二）同意參與。接著計畫便聯絡三十九位「責任者」，其中有二十二名男性（大約一半）同意了，並且「承認」犯罪的「責任」。被控輕罪的人比被控重罪的人更有可能同意。因此，到最後，三分之一被轉介的案件被篩選進入這個處遇計畫。

犯罪者受刑事審判的威脅將暫緩，以作為承認責任（這裡避免使用「有罪」這個詞）的交換條件，但若沒有參與完全程，這個威脅仍然有效。技術上說來，這會被稱為「分流」計畫。有二十個案子繼續進行到一個精心準備、並且受到監督的修復式正義協商會議，由受害者與加害者雙方的親友見證。在這些會議中，受害者與見證者們有機會說出他們的故事，並且表達他們的願望，加害者則傾聽，同時發展出一個補償計畫。在一年的後續監控後，十六名加害者（或者按照計畫使用的語言，「責任者」）完成了他們的補償計畫中的所有面向。

比起定罪率不到百分之五的傳統司法體系，這個計畫的耗損率可能看起來好一點。不過，在分流到「恢復」計畫的案子裡，實際成功完成修復計畫的比例仍然是四案中不到一案，儘管事實上該計畫已經限定只提供給明顯危險性較少的案例了。很清楚的是，就算是最創新的性犯罪傷害修復及犯行者復歸模式，都還非常需要進一步發展。

「恢復」計畫的修復式正義目標，尤其是對道歉的強調，並不完全跟那些參與的倖存者想法一致。在二十位「責任者」中，有許多人在他們的協商會議過程中道歉了。然而，這些倖存者，就像我訪談過的人一樣，甚至對於她們是否希望得到道歉都看法分歧，而許多人並不信任這種道歉有可能是誠心誠意的。對於大多數人來說，療癒與加害者之間的關係，並不是她們的主要目標；她們反而希望「讓責任者負起責任」並且「確保責任者不對其他任何人做出他做過的事」。就像我訪談過的那些人，她們表示她們的主要目標是預防未來的傷害。而就算完成這個計畫的受害者與加害者雙方，主要表達的都是對結果感到滿意，我們沒有後續追蹤資料，說明復歸是否完成了主要目標——減少再犯。

償還受害者與社群

因為性罪犯處遇觸及的群體有限，任何擴充處遇可得性的創新做法，都可能對於未來的成果研究形成很有希望的基礎。有個最近發展出來的模式，有可能同時處理犯行者與受害者的需求，這個模式被稱為「替代性修復式正義」(vicarious restorative justice，簡稱VRJ)。在這種形式的處遇中，性暴力倖存者受邀出席在法院命令下加入性犯罪處遇計畫的男性治療團體，好讓這些男性直接從倖存者那裡聽到他們犯下的那種罪行所產生的影響，並期望他們能對倖存者表示某種真誠的尊重。這個模式的一項好處是，倖存者有機會見到自稱準備好為自身行為負起責任並表達悔改的男性。這種會面大幅增加了修復式取向的可能性。倖存者可以選擇在對她們來說正確的時機參與，不管傷害她們的男人這時候或者這輩子到底有沒有意願承認責任。某些倖存者無論如何絕對不想見到那些特定男性。對加害者來說，會見倖存者可以增進他們對於自身行為後果的理解，而傾聽倖存者可以作為一種彌補。

犯罪學家艾莉莎・阿克曼(Alissa Ackerman)，教授及強暴倖存者，她最近與人合著一本關於替代性修復式正義的書，道出下面這個故事：在佛羅里達州一個無人監督的海灘派對上，當年十六歲的她同意跟一個她不太認識的男生，一位朋友的朋友在海灘上散步。看來他認為去散步意味著她同意做愛。在她說不要，解釋說「我喜歡女生」的時候，那男孩攻擊了她。他告訴她，這是對她拒絕他、而且是個「噁心女同志」的懲罰。

自從以酷兒身分出櫃以後，她一直跟不是很贊同她的父母關係疏離。她覺得孤獨又無人支持，沒有告訴任何人，而她的生活每況愈下，失去控制。她從全部拿A的優等生兼明星運動員，變成被當掉的輟學生。似乎沒有人注意到這一點，而她直到十九歲才得到幫助，當時她遇到了她現在的伴侶，她肯定這個女人相信她，而且救了她一命。在攻擊事件之前，她曾經想要主修生物，但在此之後她回到學校研究人為何會變得暴力。她說，就算是在受到攻擊當下，她記得自己在想：「你以前到底出過什麼事，讓你認為你在做的事情沒有問題？」在犯罪學課堂上，她學到性暴力的影響，而這是她第一次領悟到她並不孤獨。她在拿到博士學位時，慢慢發展出她的倖存者使命。現在她說：「我的工作是一種呼召。這就是我在這世間的原因。」

我問她，她會希望強暴她的那個男人給出什麼，而她列出下面的項目：（一）承認他做的事情，（二）解釋他為何這麼做，還有（三）補償。這表示，首先償還她這些年來花在個人心理健康照護的所有金錢。「做出彌補並不只是說『我很抱歉』而已，」她解釋道，「這是件你會花一段長時間做的事情。」除了對她個人的賠償以外，她會想要那個強暴犯以公開做證的形式償還社群。「我想要的不過就是跟他站在同一個房間裡，讓他望著我的眼睛，說出『我做過這件事』，」她說，「或許是在一間高中裡，跟十六歲的學生們講性暴力的影響。」她想像，在她自己的青少年時期，這種防治教育會對她最有幫助：「有人來對年輕孩子講講身體自主權與一般的性，還有同意是什麼意思，並談到絕對不可以侵犯這些界線。」

阿克曼博士也說到她希望從旁觀者——那些在她青少年時期看到她身陷困擾、卻沒有插手的人——身上得到的東西。「我需要有人問問我是否還好，」她說，「任何對我稍有所知的人，都知道我不對勁。現在我比較氣是那方面。我不懂的是，你如何能夠看著這種事發生，卻什麼都沒做。」被問到旁觀者應該如何負起責任的時候，她引述了熟悉的三個支點：承認、道歉與彌補。她描述，在最近跟她父母一起去猶太會堂之後的一次聚會裡，她想到了這一點。「我母親承認並且道歉了，」她說，「我們現在比較親近了。」

在攻擊事件多年之後，阿克曼博士向教授，吉兒・李文森博士坦承了她的祕密；李文森當時是阿克曼的導師，後來則變成了同事與朋友。李文森博士邀請阿克曼跟她指導的一個性犯罪者處遇團體裡的男性見面。「這是改變人生的事件，」阿克曼描述，「我覺得很安全。我分享了我受害的細節。他們傾聽了；他們理解了。他們說：『妳沒做錯任何事。』」藉著對這個團體說出她的真相，她得到了從強暴她的男人身上永遠得不到的承認與平反。她也提到，看到那個團體裡的男人只是會犯錯的人類，讓她大大釋懷。在此我注意到，許多我訪問過的倖存者，也強調能夠體會到她們的施虐者具備的人性，對她們自己的心理健康有多重要。只要她們覺得那些男人是「怪物」，她們就會持續恐懼他們，而且把他們看成具有近乎超自然的力量。透過參與這個團體，阿克曼博士驚訝地意識到，這些男人實際上怕她。「他們好害怕女人理所當然的憤怒，還有他們會被罵的那些話。他們覺得好羞恥。他們無法面對這點。」她說。

這個團體中的男性問阿克曼博士，要是強暴她的男人在這個團體中，她會對那個人說什麼。她回答，雖然她很久以前就原諒他了，她會想要他知道強暴如何影響她人生的每一個面向。「我現在有美麗的人生，」她說，「但我還是有創傷後壓力症。我沒辦法跟我的小孩在地板上扭打著玩。如果我的孩子跳到我身上，我就感覺不到我的身體。」在此很重要的是，請注意阿克曼博士雖然選擇單方面原諒她的攻擊者，她並沒有想要原諒她在那個團體裡遇見的任何一位犯行者。這是因為原諒一位特定犯行者的這項選擇只屬於他傷害過的那個人。沒有其他人擁有可以代表受害者去原諒的特權。

在她們討論這個力道強勁的團體經驗時，阿克曼博士與李文森博士開始理解到，她們發明了一種新形式的修復式正義，而她們開始合作進行類似的團體。最近她們出版了一本輕薄短小的書描述她們的模型。[15]她們的論證主要奠基於個案研究；就像大多數跟犯行者工作的專業人士一樣，她們沒有任何正式的成果資料可以呈現。不過這個領域的現況就是如此。

就像修復式正義的許多其他倡議者一樣，阿克曼博士堅持替代性修復式正義比較像是一組原則而不是特定實踐方式，因此這個概念本身就有助於在刑事司法體系架構之外的各式不同環境中做有創意的改造。舉例來說，我問她是否認為VRJ原則可以被用於回應大學校園環境下的性暴力。她回答她確實這麼認為，只要某些「告發者」與「回應者」願意參與。承擔責任的年輕犯行者會更積極地被納入校園生活之中，而不是被排除在外。他們會被要求不只參與他們自己的補救教育計畫，也要透過參與以其他學生為對象的防治教育，來對校園社群做出彌補。

「我在我的大學裡教一門談性犯罪的課程，」阿克曼博士說，「我可以看到，有一部分的VRJ究責方式，是要求一位學生要上這堂課一學期，而我們的共識是，他們從上課第一天就會公開承認他們犯下強暴罪，而這是他們彌補過程的一部分。」換句話說，透過公開承認及參與教育上的努力，年輕犯行者會有機會彌補他們的罪，並且同時提升他們自己的療癒、以及更廣大社群的健康。這個概念跟「男人停止暴力」發展的社群究責模式類似。它始於對個別犯行者的處遇，但並不止於此；它反而擴延到促進社會變革的教育，給犯行者一個方式更深刻理解自己造成的傷害，並且為社群修復做出貢獻。

簡而言之，因為我們的司法體系投注這麼多的資源在懲罰與剝奪犯行者的行為能力，投入在理解還有讓他們復歸的方面卻如此之少，就目前來說，倖存者正義的這個面向，仍然只是對未來的展望。這並不表示不可能達到，不過確實表示要發展與實行一個必要的大規模復歸計畫，就必須進行大量研究，並且要大規模改革我們對正義的概念與實踐。我們需要將支配與從屬的罪行視為公衛以及公共安全事務，並且以預防作為最主要的目標。與其聚焦於懲罰少數幾個被逮到的個別犯行者，司法體系會需要聚焦在改變增加犯罪風險的社會與文化因素，目標不只是讓那些已經犯罪的人得以復歸，也要從一開始就防止這些罪行發生。

如同阿克曼博士指出的，她的大學裡以性犯罪為主題的課程，可能是個很有希望實驗這些有前瞻性的復歸與預防觀念的地點。現在，我們轉向討論這點：把大學校園當成發展倖存者正義創新觀念的潛在場所。

第 9 章

預防
Prevention

如果我們想教導我們的小孩做個尊重別人與自己的正直之人，我們就必須對付男性氣概與女性氣質的概念。還有父權體制。不，別逃走。我們真的必須這麼做。

——蘇海拉．阿布杜拉莉，《當我們談論強暴時，我們在談論什麼》1

在第四章，我們講了莉比亞．里維拉的故事，她在哈佛當研究生的時候受性騷擾所苦，最後沒拿到她的學位就被迫離開。令人哀傷的是，她當初碰到的帶有敵意的環境，在大學校園裡絕非罕見。大學生處於性侵風險最高的年紀，而在許多校園裡，性侵就像惡整新生一樣，有著傳統入會儀式的地位，如果不是公開慶祝，也是暗地裡容忍。應該注意的是，並不是只有大學生得面臨這種程度的風險。事實上，同樣年齡層但背景沒這麼好的年輕人風險甚至更大。在軍隊，還有像是餐飲服務與務農這類工作中遇到性侵的研究，把這一點表達得很清楚了。但大學校園提供了某種特別的東西：這個相對來說較包容的環境，可以進行新的預防研究。如果說校園可能是個危險之地，它也可能是知性與政治覺醒之地。

近年來，校園性侵與性騷擾的倖存者把有敵意的校園環境命名為「強暴文化」，並且要求加以改變。以大學校園提倡自由探究與創新的使命，這裡可以是另類道德社群的一個模型，一個為性的相互性和尊重文化設想新習俗和新規則的地方，同時也是一個倖存者正義的潛在實驗室。

一九七二年《教育修正案》第九條，禁止教育機構中的性別歧視。近年來，女性主義行動家把主張更往前推，指出大學校園裡根深蒂固的強暴文化剝奪女人接受教育的平等管道，因此構成了一種性別歧視，大學有積極義務要終止這種狀況。在歐巴馬總統執政期間，教育部在這個議題上採取積極立場，發展出對性侵的機構反應新指南，並且進行對第九條相關控訴的調查。許多學院與大學（包括我自己所屬的學校）都被發現違反了第九條，而某些學校達成和解協議：要求他們發展新的方式來教育全體學生、保護倖存者，並且要求加害者負起責任。白宮也支持一項稱為「靠我們了」（It's on Us）的倡議活動，鼓勵旁觀者，尤其是年輕男性，在他們目睹性方面的攻擊行為時，為了受害者而挺身干預。這個倡議活動承認旁觀者具有極重要的角色，有潛力改變這種文化，因為如果旁觀者不再被動共謀，那麼要面對社會孤立與羞辱前景的就不再是受害者，而是加害者。

對校園強暴犯的研究，舉證說明同儕支持扮演了強力縱容的角色。全男性兄弟會或者運動團體成員犯下強暴罪的可能性，比其他年輕男性更高出許多。[2] 人類學家佩姬．桑迪描述了一種兄弟會文化：把輪姦儀式化，當成一種男性連結的形式，並且持續灌輸性剝削是正常男性應得權利的信念。有高度名望、高度菁英取向的全男性團體，像是兄弟會，通常有詳盡的傳統，新成員透過自己服從於嚴苛入會儀式的過程，首先從中學習到支配與從屬的方法。隨後，在他們獲准加入團體以後，他們就取得了把相同方法實踐在女性（以及居於從屬地位的男性）身上的特權。桑迪教授注意到「受害者」一詞源於拉丁文，意指在宗教儀式中被選中當成祭品的野獸，她寫道：「在團體性愛中，被服事的神就是兄弟情誼。」

在調查兩個把「大鍋炒」(trains，亦即輪暴）當成慣例的兄弟會時，桑迪教授發現象徵一種「權力盟約」的祕密儀式，從一代傳承給下一代，而且在每個分支裡執行。入會儀式包括反覆唱誦「死吧，膽小鬼，死吧」、脫衣、毆打、假處決，然後，當然了，迅速攝取份量大到足以致毒的酒精，接著是必須清理嘔吐物與糞便。在這些儀式裡，宣誓加入者經歷了象徵性的死亡：他那連結到母親的脆弱男孩自我死了，重生成一個充滿力量的男性氣概自我，連結到兄弟情誼。[3]在某些兄弟情誼（特別是運動隊伍）中的新加入者，可能也會承受團體性侵，如同「掃把」（亦即用物體進行肛門強暴）的慣例。[4]有人可能會補充，有時候在欺負新生的儀式中，確實會發生通常是酒精中毒或相關意外之類，如同字面意思而非只是象徵性的死亡。該負責的個人與機構，鮮少以任何認真的方式被問責。

在哈佛法學院指導性別暴力計畫的法律學者黛安．羅森菲爾德，描述了一種在兄弟會派對上實行的預謀性「目標型強暴」(target rape)：受邀的女性是相對來說涉世未深而脆弱的人，在派對前他們會小心翼翼地研擬性侵計畫，事後整個團體還會加以慶祝。[5]所以，任何改變犯罪者態度與行為的嘗試，也都必須處理根深蒂固的男性至上態度，還有他們同儕團體的習俗。想像一下，現在一名年輕男子需要多少勇氣才能開口抗拒性別歧視行為。事實上他才是主流的聲音；好消息是，到目前為止我們所知的是，大多數年輕男性並沒有性騷擾或者性侵女人。[6]但大體而言，大多數人長年都是被動或共謀的旁觀者。

三腳架策略：第一隻腳

要有效對應大學校園中的強暴，羅森菲爾德教授描述的處方是一種三腳架策略：預防教育、受害者支持，以及對加害者的一致性懲戒。她的看法是，學生要信任校園社群總共需要三項條件，就像一個三腳架，需要三隻腳才能站得住。如果從公衛的角度來討論性侵，三腳架的教育性組成元素被視為初級預防：在攻擊發生以前預先制止。另外兩個組成元素則被視為次級預防：在攻擊發生後緩和傷害，並且有效懲戒犯行者，好讓他們不會再犯，也可能嚇阻其他人犯罪。

一如在教育環境下可以期待的，在預防教育方面已有人做了許多具有創意的工作。最基本的層次只涉及指出問題、告知學生她們具有的權利，還有要是她們遭遇性騷擾與攻擊，向她們解釋她們有哪些選擇。然而，我們可以清楚看出，性侵預防不只是像在新生訓練時提供必要的講座、或者分發學生權利與責任手冊那樣，在檢查表上打勾勾就好。改變強暴文化需要校園社群內所有成員的持續參與。這需要小團體的人際對話、聚焦於相互性與同意的性教育、改變社交飲酒與派對慣例，旁觀者也要使用新的方式回應常見的風險情境。甚至就連校園環境的物理性改變也有可能達到初級預防功能。

最近有個工作坊，主題是針對大學校園裡性的不當行為的反應，其中普林斯頓大學的沙姆斯．康教授與哥倫比亞大學的珍妮佛．赫希教授，發表了一場主題演講，講題為「性公民權：校園性、權力與性侵的一項里程碑研究」。[7] 這也是他們二〇二〇年出版著作的標題。他們的概念是把大學校園看成一個「社會生態系」，指出物理空間、酒精、同儕團體及文化規範，是影響性侵發生率的因素，而他們初級預防的努力就是以這些因素為目標。

康教授與赫希教授一開始分析了物理空間的控制如何表現出權力的不平等，然後考量可以對這些空間做出不同使用的某些實際辦法。舉例來說，他們注意到年輕人在派對之後需要有個宿舍房間之外的空間可去（在宿舍房間裡，床是唯一可以坐下的空間），而他們建議乾脆就整夜開放學生餐廳，減少性侵的機會。他們很納悶為什麼高年級生與運動員得到最好的宿舍房間，並建議這些房間可以反過來指定給從最弱勢家庭入學的新生，逆轉習慣性的權力位階。他們也承認大多數大學生並不住在可住宿的校園裡，但建議社區大學也可以進行「空間審核」，以提倡他們所謂的「平等地理學」。

然後還有性教育的問題。康教授與赫希教授都承認性教育的潛在力量，而且事實上大多數大學新生就算在其他方面受過良好教育，在這個領域內都顯著地無知。除了罕見的例外，學生們在中學的正式性教育要不是付之闕如，就是聚焦在守貞，這種性教育已證明完全無效。他們的非正式性教育主要是來自色情閱聽物，在其中讓性顯得性感的，是支配。年輕男性學習到要透過把自己的權力強加於女性身上的幻想來達到性亢奮與滿足，年輕女性則學到她們應該透過服從來得到亢奮與滿足。

事實上，被支配並沒有給予大多數女性愉悅感，但許多人學到要假裝如此，因為她們被社會化到相信男人有權得到性，一旦他們興奮起來以後尤其如此，而女人則被迫要給男人他們想要的。而且假裝愉悅真的管用，因為許多年輕男性並沒有費事去問他們的伴侶想要什麼，這要麼是因為他們真的不在乎，要麼就是因為他們被社會化到相信任何能滿足他們的事物，必定也都能滿足他們的伴侶。赫希教授評論道，她甚至數不清有多少年輕女性曾私下透露，她們在一個約會情境中覺得被困住了，然後「替他吹喇叭，就只為了脫身」。這些年輕女性害怕的是什麼，通常不太明確——是害怕實際上被迫性交，還是怕可能激怒她們的約會對象，或者只是害怕沒辦法滿足他們——但很清楚的是，她們心存恐懼。儘管如此，她們通常認為這些接觸是雙方同意的，毫無疑問，她們的約會對象也這麼想。

相對來說，性公民權的概念指出，年輕人有平等的「性自決」權利，意思是她們在感覺到真誠的欲望時說是，在沒這種感覺的時候說不。當然，這就是女人多年來在對抗性暴力的「奪回夜晚」示威活動裡一直在說的，實際上是在高喊：「要就是要！不要就是不要！無論我們穿什麼！無論我們去哪裡！」赫希教授注意到，運氣夠好而有過「以實踐為基礎的」性教育的年輕女性（她們在模擬約會情境裡實際練習過說不），在大學時被強暴的可能性減半了。[8]

對年輕男性來說，性公民權的意思是學習在性關係中的相互性與同意的概念。這又意味著去掉他們色情閱聽物中學到的性意識形態。基本的色情幻想是，女人暗中渴望被跋扈的男性制服與「占有」。色情片反覆灌輸這種信念：女人越是抗議，她們其實就越想要。就像耶魯兄弟會出了名的入會活動：為了駁斥「奪回夜晚」的說法，在女性新生宿舍底下高呼，「不要就是要！要就是肛交！」有人可能會覺得這種口號只是粗俗的性別歧視挑釁，當然沒錯，但不幸的是，這也表達了許多人廣泛共有的粗陋幻想。

性教育家佩吉．奧倫斯坦寫道，在跟男孩談話的時候，她從不問他們有沒有看過色情閱聽物，反而問他們第一次看是什麼時候。大多數人在大約青春期的時候開始使用色情物品，大多數人一直持續使用。她對於色情影像描繪了什麼坦承不諱。「未成年人最容易取得的免費內容，通常把性呈現成某種男人對女人做的事，而不是跟女人一起做的事，（而且）通常把女性愉悅描繪成一種為了男性滿足而進行的表演。」她補充說，黑人女性經常被描繪成「淫亂」，因此是侵略行為的合理目標，黑人男性則被描繪成危險的性愛狂魔。「換句話說，」她寫道，「青少年得到的是超大量的種族歧視，再加上其中情色化的厭女情結。」[9]

法律學者凱瑟琳．麥金儂，甚至用更嚴厲的詞彙描述色情閱聽物本質性的暴力。她用她獨特的直白語言寫道：「它就在那裡，所有一切都聚集在一地，女人必須掙扎許久才能清楚說出的所有虐待，所有難以啟齒的虐待都在此：強暴、毆打、性騷擾、賣淫，還有對兒童的性虐待。只有在色情閱聽物裡，它才會被說成是別的東西：分別是性、性、性、性還有性。」10

為了對抗色情閱聽物中被情色化的厭女，性教育必須擴充，從性關係中的同意議題擴大到一種更寬廣的理解：男性支配與女性服從，如何形塑了男性氣質與女性氣質的最基本概念。某些模範校園計畫以很有希望的方式從事這項工作。舉例來說，在西北大學，心理學家賽義德・德里克・希爾主持了「男性氣質、結盟、反省、團結」（Masculinity, Allyship, Reflection, Solidarity，簡稱MARS）計畫，這個計畫會把志願者教育成同儕顧問。在六週的課程裡，年輕男性會針對基於性別的社會化進行團體討論，並且會要求他們每天寫日記，同時被提示要聚焦於情緒反應。「我們必須給他們一張情緒清單，因為最初他們不知道要怎麼指稱他們的感受，」希爾博士說，「如果妳問他們，他們有什麼感覺，他們會說『還好』或者『不錯』。到第三週或第四週，他們就變得比較有表達力，而且在討論中，他們領悟到他們的男性氣質一直受到多大的限制。」比起較有貶抑性的「有毒的男子氣概」，他寧願使用「受限的男性氣質」這個說法。

西北大學的同儕教育者，也參與一種稱為「男性框框」（Man Box）的意識覺醒練習。希爾博士要求這些年輕男性創造一份詞彙或語句清單，描述身為一個男人是什麼意思。「清單永遠都是相同的。」他說。他把那些詞彙寫在黑板上：「強悍」、「斯多葛式的（禁欲堅忍的）」、「喜歡運動」、「喝啤酒」、「吃肉」、「跟很多女人做愛」、「總是大權在握」。「充滿愛的」這個詞彙從來沒被包括在內。在清單完成的時候，希爾博士在旁邊畫了個框框，然後要學生們舉出一些詞彙，是男人跟男孩踏出「男性框框」之外的時候會聽到的話。那些詞彙也總是一樣的：「賤貨」、「娘炮」、「搞基」。「我們被框在這裡。」希爾博士說。他鼓勵這個團體去思考男性氣質更寬廣的選項，給他們「跳出框框」的許可。

這個團體接著探討這種語言對於權力與支配揭露了什麼，團體成員們也考量他們自己有多害怕不被其他男性尊重，或者被他們攻擊。最後，討論擴大到對於性別階序的理解。這個練習做出的結論是，在性被視為征服的時候，性暴力就變成符合規範，而非偏離規範的表現。根據希爾博士的說法，當年輕男性開始看出改變父權文化可能對他們有跟對女性一樣的好處時，就會對這項活動投入大量的情感。在完成這個訓練以後，這些倆倆成對合作的學生們，就可以領導兄弟會、運動隊伍及其他校園團體中關於男性氣質及同意的教育計畫了。他們定期與希爾博士會面以獲得持續進修與支持。

希爾博士提到他最近訓練了一整批運動員，而且還有更多兄弟會成員來找他，希望搞清楚如何要求做出糟糕行為的成員負起責任。某些人甚至私下來找他，坦承曾經「造成傷害」（MARS課程裡偏好使用的說法）。「這些人真的對此很感興趣，」他說，「在你帶領他們提升意識覺察以前，他們沒想過、或者沒領悟到他們會需要這個。」他說，到現在，對於同儕教育有效性的研究已經相當成熟，而他回報他接獲許多其他校園的要求，想成立同樣的同儕教育計畫。[11]

在許多校園，性侵預防的努力也包括所謂的旁觀者干預，這種努力是要讓學生不只是以潛在受害者或加害者的身分參與，也以道德社群成員的身分參與，他們有力量也有責任改變強暴文化的社會規範，並且在侵犯發生之前就加以制止。就像MARS訓練一樣，旁觀者干預訓練把性侵理解為需要改變整體社會與文化生態系的公衛問題。

訓練首先聚焦於幫助學生辨識高風險情境，然後是發展安全干預的勇氣與實用技巧。學生們討論到干預的主要門檻，是害怕因為試圖改變文化規範而受到社會排斥。然後他們練習假設常見情境的行動策略，像是想清楚如何幫助一個醉得太厲害的女人從有男人盯上她的派對中安全回家，或者在有人誇耀強迫女人上床的時候開口直言。從二〇一三年起，國會明令接受聯邦經費的教育機構要把旁觀者干預訓練納入性侵預防的一部分，此後這些計畫就大量激增。某些最近的研究呈現了很振奮人心的成果資料，指出這些計畫有效地改變學生們支持強暴的態度，還有他們對於潛在危險情境有所作為的意願。[12]

一項特別具有前景的研究發現，旁觀者干預實際上也可以減少校園暴力發生率。這則研究比較了一所把旁觀者干預訓練體制化的大型州立大學（肯塔基大學），以及另外兩所沒這麼做的公立大學。訓練計畫是以一種同儕教育的「擴散模型」為基礎，這個想法是出於：改變「同儕意見領袖」之間的態度與行為，就會對整體學生有廣泛的影響，所以不必然要訓練每一個人。雖然訓練開放所有學生參加，計畫主持人會特別努力招募兄弟會與姊妹會的領袖、參與大學校隊的運動員、學生議會及其他組織活動的領袖，還有在學業上取得成就的人。整體學生中有略多於百分之十五的人，參與了一個四到六小時的小組密集訓練。很明顯的是，這就足以造就出真正的差別。研究人員發現，肯塔基大學在有幾個小隊受訓後，在觸及整個校園的匿名調查中，學生回報的加害率與受害率都低於沒有學生受訓的另外兩所校園。[13]

因此，預防三腳架的第一隻腳，教育組成元素，看起來有相當良好的發展與穩固性。美國大學協會（簡稱AAU）對於超過八百間高等教育機構進行一項調查，結果顯示到了二〇一五年，有百分之六十一的學校性侵預防計畫已就位，其中包括百分之九十二的四年制公立學校、百分之七十七的傳統黑人大學，*還有百分之七十五的四年制私立非營利學院與大學。[14]

三腳架的第二隻腳

三腳架的第二隻腳，對倖存者的有效回應，仍然處於未完工狀態。二〇一五年的同一個AAU調查發現，在過去十年裡，大多數高等教育機構擴大了它們的回應能力。四年制公立大學再度領先：百分之百的四年制公立大學，在教職員中都有第九條協調員的正式編制，百分之九十九會為性侵受害者提供校園內諮商，而且有百分之八十三有校園內的受害者協助人員。私

* 譯註：美國內戰結束後，有些前蓄奴州既有的大學仍然不肯招收黑人學生，為了保障黑人學生受教權，國會頒布法令要求各州增設專門服務有色人種的大學，這些刻意增設的大學被稱為傳統黑人大學；不過這些大學並不只招收黑人學生，近年來黑人學生比率還持續下降。

立非營利的四年制學院並沒有落後太多。至少，理論上這些校園提供受害者適當範圍內的多種選擇，從向第九條辦公室提出正式控告，到尋求諮商顧問或協助中心的人員的保密支援都包括在內。問題仍然在於學生有多常自行使用這些選項，還有在她們這麼做以後發生了什麼事。

情況似乎很清楚，雖然許多倖存者會在面對危機時尋求幫助，大多數人並不希望提出會導致加害者受到懲戒的正式控訴。她們立即的願望比較著重於她們需要在校園裡感覺安全。她們經常要求等同於民事保護令的替代品，好讓她們不必每天在課堂或宿舍遇到加害者。她們問道，如果必須有人退掉一堂課或者搬到另一間宿舍，為什麼要這麼做的總是受害者？在攻擊後的餘波中，許多倖存者也尋求暫緩學業要求。如果她們有急性壓力疾患，一星期都沒睡，幾乎沒辦法專心在她們的學業上，一想到要寫考卷或考期末考，可能會徹底應付不來。

合理的調節幫助倖存者感覺到她們仍然有歸屬，而且她們對大學社群來說是重要的；少了這些措施，許多人會覺得校園實際上屬於加害者，到最後就會像里維拉一樣輟學。[15] 不幸的是，在過去，尋求幫助的倖存者通常碰到的體制回應，從單純就只是不敏感、到直白的輕視與羞辱都有。畢竟從許多大學行政人員的觀點來看，性侵受害者就只是個麻煩。她們可能破壞學校的聲譽，或者更糟，毀了學校的足球季。她們甚至可能是個法律責任。如果這些受害者能夠就這樣噤聲，或者（要是沒噤聲）就這麼離開，那就方便得多了。

許多來自學生倖存者的軼事性陳述，記錄了在她們求助以後可能接踵而至的官僚夢魘。二〇一四年，《哈佛深紅報》刊登了一封來自性侵倖存者的匿名信，標題是「親愛的哈佛：你贏了」。在信中，她詳述與多位校內單位的高層主管無數次毫無成果的會談，內容是她設法要讓肇事的學生被轉到另一個宿舍，好讓她不必天天害怕在餐廳、圖書館或洗衣間裡遇到他。她釐清了她並沒有尋求針對他的懲戒行動，只要求給她自己的調適手段；無法否認的是，這樣可能對他造成些許不便。基本上她被告知的是，除非她提出正式控訴，否則什麼都做不了，但接著她又被建議不要提出正式控訴，因為說真的，什麼都做不了。她得到的建議反而是「原諒（那位）攻擊者，然後繼續過日子」。

匿名者做出結論：行政人員不是壞人，但他們根本不知道怎麼處理性侵案。她寫道：「我可能輸了我的戰役，但我也希望這個故事能夠開啟一場認真的討論，談論我們作為一個社群，想要怎麼樣處理像我這樣的案例。我們真的想讓倖存者自己聲援自己，直到她們力竭崩潰，陷入憂鬱嗎？」她的結論是：「親愛的哈佛：你可能贏了，但我還有聲音。而我計畫盡我所能，利用它來造成改變。」[16]

在這篇文章刊出的幾天之後，校長德魯．福斯特（哈佛三百多年來第一位女校長）宣布組成一支防止性侵特別任務小組。一年後，特別任務小組報告，哈佛確實有個問題。就像在許多其他校園裡一樣，性侵的發生率很高，告發率很低，而且女性學生不信任大學校方人員會認真看待告發內容，或者公平對待她們。在發表這份期中報告的公開會議裡，福斯特校長承認大學校方對這個問題的反應「完全不夠充分」，而且誓言要讓整個校園一起參與，做出必要的改革。[17]

我把這則軼事當成一個鼓舞人心的例子，說明開口發聲的倖存者有時候能夠啟動改變。在我們討論到三腳架中的第三支、也是最不穩定的那隻腳，懲戒行動的問題時，我們會回到任務小組其最終報告這件事情。然而，首先讓我們回到西北大學，這個模範校園裡看來確實有為性侵倖存者而設立的完善支援中心。我們在第六章見過的藝術家兼社群行動家凱拉．瓊斯，在西北大學的「覺察、反應與教育中心」(Center for Awareness, Response and Education，簡稱CARE）已經擔任了三年的助理主任，這個中心隸屬於學務部。她把她的工作視為她個人倖存者使命的一部分：「CARE在我還是學生的時候幫助過我，」她說，「能夠將這份善意傳遞下去，真的很好。」

CARE計畫提供支持性諮商以及對性侵與性騷擾倖存者的支援服務，以及強有力的保密保護。這個計畫不會將關於學生案件的資訊與學術或懲戒主管單位共享，除非學生希望提出正式的第九條控訴。保證保密這一點特別重要，因為許多學院與大學正致力於糾正過去機構處事消極的歷史（並且保護它們自己免於法律責任），現在規定如果有任何學生揭露性侵事件，教職員工都必須向行政單位、甚至是警方報告，不管學生是否知情或同意。這樣做可能跟哈佛匿名者描述的漠不關心與毫無行動一樣，是一種背叛，因為這讓學生毫無選擇餘地，讓她變得毫無權力。[18]

除了個別諮商以外，CARE中心還提供架構良好的倖存者支援團體，這是一種非常有用的治療形式，可以消除折磨許多受創者的羞恥與孤立感。如果學生希望對獨立的第九條辦公室提出正式告發，會有一位CARE協助人員在調查過程中提供非正式的支援。然而，極少學生決定走這條路線。瓊斯描述，她在CARE工作的三年裡，她提供過建議的學生裡，只有一位選擇這條路。大多數學生主要想要（也得到）的，是得以保護她們人身還有心靈安寧的課業、住屋以及不接觸保護令。CARE也幫助倖存者跟第九條辦公室聯繫，要求他們把「要負責的」學生叫來，進行一場不做正式報告的「非正式談話」。這也是保密的。

瓊斯當年還在西北大學就讀時就是CARE同儕諮詢顧問，現在變成三十到四十名學生志工的指導員兼訓練師。她們嚴格的課程表相當於一整個學期的課了，外部講者跟筆試都一應俱全。學生們似乎很熱愛這個訓練，雖然她們不會因此得到任何學分。她明顯熱愛這些學生，描述她們很熱情、有創意又有相當強的動機。

某些（由同儕顧問負責帶領的）教育活動中，會包含一齣在新生訓練時由學生編寫、演出的戲，戲名是《全體學生》。CARE工作人員會在表演後帶領他們分組討論強暴文化、同意與旁觀者干預等議題。「這是真正的預防工作，」瓊斯說，「而不是『在派對上別喝酒』。」CARE有支機動小組叫作「找到G點」（Find the G-Spot），他們會開車巡校園，分發保險套之類的安全性愛補給品，並且提供學生性健康諮詢。CARE也贊助特殊活動，通常是跟學生團體合作。二〇一九年，她們邀請的講者是塔拉娜．伯克，MeToo國際運動的發起人。這些預防活動喚起學生對於性侵問題以及在需要時如何尋求幫助的意識。瓊斯這麼反思：「從我的學生時代到現在，我肯定看到了校園文化的改變。」這個鼓舞人心的例子，指出預防教育與倖存者中心的支持服務，確實可以幫助創造出一個更安全也更公平的校園社群。

三腳架的第三隻腳

現在來到困難的部分了：強制執行規範。嘗試懲戒犯下性侵罪行的學生，就像其他要加害者負起責任的嘗試一樣，具有高度爭議性、會激起強烈的反撲，還有很多很多的法律訴訟。

舉例來說，在哈佛，二〇一四年為了處理校園性侵問題而成立的特別任務小組，在二〇一六年提出他們的最終報告。讓我非常訝異的是，這個小組真的很努力對付這些困難的問題。該小組承認讓學生的社交生活以「男性支配空間」為中心具有的危險，並且特別指出全男性的「終極俱樂部」（final club）是目標型強暴發生率特別高的環境。（這種俱樂部是哈佛版的兄弟會，其排他性與聲望，讓它們擁有「舉辦最棒的派對」的名聲。有人告訴我，它們之所以稱為終極俱樂部，是因為具備俱樂部成員身分，代表了他踏上了獲准成為「菁英中的菁英」的最後步驟。約翰·甘迺迪是史畢俱樂部〔Spee〕成員，小羅斯福是飛蠅俱樂部〔Fly〕成員，老羅斯福則是隸屬於所有終極俱樂部中最終極的，烤豬幫俱樂部〔Porcellian〕。）教務長拉凱許·古拉納提倡制裁俱樂部制度化性別歧視，他寫道：「這些空間中最根深蒂固者，送出了一道毫不含糊的訊息：它們是保留給男人的專屬空間。這些機構在例行的招募業務中，透過其廣泛的資源與通往權力網絡的管道，傳播種種排他性的價值觀。」[19]

終極俱樂部的位置安居在校園中優雅的建築物裡，是獨立的機構，不受來自哈佛的官方監督。從未有人考慮禁止學生加入這些俱樂部，因為這麼做侵害學生自由結社的權利。學院方面反而給予所有單一性別學生俱樂部一個選擇：要麼變成兩性兼收，要麼就是受制於制裁政策，禁止俱樂部成員在哈佛學生團體與運動隊伍裡居於領導地位，他們也沒有資格被推薦爭取某些聲望特別高的獎學金。校園內所有的女性團體除了少數特例，全部都決定成為兩性共存社團，全男性俱樂部則都堅定立場，拒絕讓女性加入。他們反而在州法庭與聯邦法庭控告哈佛，原因（還能有別的嗎？）就是第九條規定下的性別歧視。

哈佛的創新之舉既是提倡校園文化改變的一種努力，也是規訓終極俱樂部的特定嘗試，只是並不成功。二〇一九年，美國大學協會在三十三所學校、針對十八萬名學生進行了一項大規模匿名學生調查，發現哈佛的性侵率跟四年前相比沒有改變，而且大多數學生仍然不會告發性的不當行為。[20]二〇二〇年，哈佛校方注意到最高法院近期的決定讓它在法庭上不可能勝過終極俱樂部，就默默地撤銷了它的制裁政策。[21]在我寫下這一段的時候，校方還沒採取其他新的懲戒措施。

並不只有哈佛對於性侵無法發展出清楚有效的懲戒政策。就全國來說，此刻主要的懲戒問題似乎是：該不該要求教育機構在處理被控性侵的學生時，在第九條調查中遵循與刑事法庭相同的規則與程序。對我來說似乎很明顯，答案是不。光是刑事法庭處理性侵案的可怕紀錄，就有充足理由要另尋他法了。不過還有額外的理由。大多數性侵倖存者並不必然想要嚴厲的制裁，而她們避免尋求官方懲戒行動，既是為了她們自己，也是為了犯行者。她們不想讓這些年輕男子惹上嚴重的麻煩，但她們確實想要某種形式的究責，教育機構則處於一個獨特的位置，可以發展新而且更好的方法，來要求這些犯行者負起責任。

學院與大學是自願性的社群，高等教育是一種特權，而不是一種普及的權利；學校有自己獨特的包容性行為規則。舉例來說，剽竊是被禁止的。在有人違反規則的時候，對學生來說，最嚴重的懲戒後果是開除；對教職員來說，則是終止工作。沒有人的自由權像在刑事法庭上那樣，處於危機狀態。被指控性方面行為失檢的人，有權得到像是民法中那種合理正當程序的保護，但他們並不具有跟刑事被告一樣的法律權利；他們也不該有那樣的權利。法律學者兼行動家亞麗珊德拉．布羅德斯基主張，性侵與性騷擾基本上應該被理解成對民事權利的侵犯，並且得到跟基於種族、性別取向或失能而產生的騷擾同等的對待。既然民事原告跟被告對於是否能在原機構繼續求學具有相同的利害關係，她們在懲戒程序中就應該擁有被提供相同正當程序的權利。[22]

儘管如此，就像在其他有罪不罰權受到威脅的情境中，加害者的支持者以我曾命名為「好青年」(Fine Young Man)的敘事方式，進行擴張被告權利的政治動員。這是常見策略DARVO(否認、攻擊、對調受害者與加害者)的另一種版本：曾經發生過的是性愛，不是強暴。她自找的。她是個蕩婦。她瘋了。或者也許她只是存心報復，因為他拋棄了她，而每個人都知道被甩的女人心中的怒火勝過地獄之火……等等。真正的受害人是這位「好青年」，他的人生被這場「獵巫」給毀了。當然，想來在這個例子裡是巫婆在進行狩獵，這可是史上破天荒的第一次，但就別在意這種小事了。某些法官似乎覺得這種主張很有說服力。舉例來說，一位紐澤西高等法院法官最近否決一位檢察官的請求，不肯把一名十六歲男孩當成成人起訴，這男孩用自己的手機拍下他在一個派對裡強暴一個醉倒的女孩；法官的原因是這個男生來自一個「好家庭」，是「一間優良學院的準新生」。（有個上訴法庭後來譴責了他。）[23]

在唐納．川普執政之下，美國教育部擁抱這種敘事。教育部長貝琪．戴弗斯與因為性侵被懲戒的「好青年」心焦的母親們一起現身，公布了新規定，讓學校更難在第九條規定下要求學生負起責任。這個規定的主要效果，是窄化什麼算是性的不當行為的定義，要求學生得承受「嚴重、普遍、而且客觀上有冒犯性的」騷擾，然後學校才有義務採取行動。新的規定也補充了許多對被指控者的保護，包括有權當面對質並交叉質詢他們的指控者。新的規範也偏好對於性侵案採取較高的證據標準（證據明確〔clear and convincing evidence〕），而不是民法中普遍的平衡標準（證據優勢〔preponderance of evidence〕）。

在最後確定這些新規定以前，教育部必須容許大眾對這些提議中的規定發表評論。他們接獲超過十萬則來自個人與機構的評論，這個數字大的異乎尋常，指出這個議題的爭議性會變得有多高。我自己也寫了一封評論信，透過國家婦女法律中心散布出去，在七十二小時內有超過九百位心理健康專業同僚簽署。大多數投書者反對新的規範。如同美國大學協會在它的評論信中所寫的，要求學校創設兩造對抗的「準法庭」，並不會為追尋真相創造出更公正的程序，反而會讓學校更難保護學生不受性侵與性騷擾。

看來這就是該政策實際上想達到的效果。教育部繼續進行，然後在二〇二〇年，總之就是讓新的規則定案了。喬·拜登政府現在正在設法撤銷這些規定。為了回應一個女性倡議團體組織聯盟挑戰這些新規範而提起的行政訴訟，有位聯邦法院法官已經撤銷了一項最具壓迫性的規則：根據這條規則，任何拒絕出席現場交叉質詢者（包括被告）所提出的任何證據都會被排除。在去除這個條款時，威廉·楊法官寫道，這條規定嚴重妨礙第九條調查，把它們變成了「一種明顯空洞的姿態」。[24]

然而，這些新的限制性規則似乎已經產生它們打算達到的效果，幫忙讓第九條懲戒行動幾乎就跟性侵的刑事定罪一樣罕見。在里德學院主持「性健康、倡議與關係教育計畫」的羅文·佛洛斯特估計，如果學校每年發生一百件性侵，有二十到四十件會被告發，三到五件會經過懲戒聽證會，而有一到兩位學生會被懲戒。[25]然而弔詭的是，雖然窄化什麼「算是」性侵或性騷擾的官方定義，可能遏阻正式的第九條調查，這個做法也開了另一扇門，讓人用比較非正式而有創意的方式，回應不符合狹隘指導原則的性的不當行為。

修復式正義的選項

許多校園裡的教育者正在評估，修復式正義概念是否能被改編，找出真正具有教育意義的方式，來讓年輕的犯行者負起責任。他們的推論是，像是開除這樣的嚴厲懲罰，只會讓這些年輕男性更強化他們的防禦心態，還可能增加他們在別處再度犯案的風險，然而，把年輕犯行者留在教育社群裡，同時讓他們的行為有清楚的後果，可能會提供他們道德發展上的最佳途徑。（修復式正義通常是單一事件，可能較適用於熟人之間的性侵，較不適用基於性別的其他形式暴力，後者是發生在持續中的強制控制關係脈絡下。）修復式正義的倡議者主張，這種形式的究責有希望修復不只是受害者的傷害，也修復校園社群所受的傷害。

威廉斯學院的第九條協調員梅格．波松，描述了告發性侵、跟蹤或性騷擾事件的學生可以選擇的一種「另類解決方案」。她們會得到支援，以發展出一份將要對被告宣讀的影響陳述。宣讀過程可以在療癒圈裡進行，更常見的狀況是透過一種「穿梭外交」（shuttle diplomacy），由修復促進者代表告發者講給被告聽。（她發現大多數告發者並不想跟對方當面會面，所以這個「穿梭」的選項對她們很有吸引力。）對於被告的懲戒結果，通常是指派他去上性別、性侵與性關係同意的教育學程，完成這個學程是畢業的要求之一。他也會被指派完成困難的「情緒勞動」，要想出一個對告發者來說可以接受的彌補計畫。這可能要嘗試很多次，因為被告要把來自告發者的回饋整合到計畫中。這個過程要求他去思考他的行為對另一個人的影響，並且去想像他能做什麼來為此贖罪。換句話說，這個計畫要求他發展他的同理能力。

這個過程結束在一份書面協議，被告在協議書中承認修復既有傷害的責任。有趣的是，被告並不需要承認實際上導致傷害的責任，因此巧妙地避免了他坦白招認而遭到刑事起訴的可能性。這樣當然會讓他覺得修復式正義選項對他來說更有吸引力。參與的倖存者似乎理解這是個法律技術細節，而且要是修復式過程並不讓人滿意，提起刑事告訴仍然是可用的選項。

波松很清楚這種方法的限制。首先，她直言修復式正義並不是為每個人而設的。她排除了堅持否認或者表現出社會病態人格跡象的被告，以及累犯與使用武器者。其次，她認為期待這個圈內流程本身足以防止同類攻擊再度發生，是不切實際的（凱拉・瓊斯肯定同意這一點）。她說，理想狀況下，學校應該承擔仔細追蹤被告後續狀況的責任，監控他的行為，以確保他在校的時間裡履行他的補償協議條件。[26]

波松也清楚講明以下這個論點：修復式正義的另類解決方案，跟調解是不一樣的，兩者常被人搞混。基於概念上與實行上的理由，這個區別極端重要。在調解中，衝突雙方被預設對問題負有相同責任，調解協調員在兩者之間採取中立立場。相對來說，在修復式正義裡，修復促進者認可有告發者與被告，一位傷害造成者與一位被傷害者。修復促進者的立場並不是中立的；修復促進者反而是代表道德社群為受傷害者辯護，並且要傷害造成者負責。在修復式正義中，修復促進者的挑戰，是對雙方都展現出尊重與同理，與此同時也代表社群不贊同傷害造成者的行為，並且堅持修復的需要。

在修復式正義與調解之間做出清楚區分的實際理由，跟教育部對於第九條控訴的解決規範有關。直到最近，教育部的指導原則都特別禁止對性侵事件進行調解。這些指導原則的重點在於避免太常見的做法：認為受害者至少得承擔跟加害者一樣的責任（穿成那樣出門，她還期待什麼？）。不過許多大學行政人員混淆了修復式正義與調解之間的差別，因此不願探究以修復式正義代替正式第九條懲戒行動的潛在選項。在更近期，教育部向其他盡可能減少犯行者懲戒程度的做法看齊，明確地許可性侵控訴的非正式解決方案。這種做法可能會促進未來更廣泛地實踐修復式正義，並且對其有效性進行更有系統的研究。

《學院與大學的修復式正義小手冊》[27]的作者大衛．卡普教授，長期以來都強力倡議修復式正義，認為以這種方式回應控訴，最有希望對強暴文化造成重大的改變。他相當正確地指出，並不是所有性侵都是目標型強暴。許多攻擊事件並非出於預謀；犯下這些罪行的年輕男性對於性別與權力的議題很無知，在性方面缺乏經驗，道德上也不成熟。再加上大量酒精，就是一份讓露水姻緣出差錯的完美配方。卡普主張，這些年輕人並不是冷漠麻木的犯罪者，他們可以被教育成更好的人。

卡普呈現了一個假設性的例子「凱文」與「愛美」，來當成代表性的範例，這兩位學生在一個校園派對裡相遇。看到愛美醉得厲害，凱文陪她走回她房間。愛美同意做愛——事實上，她先採取主動——但他們一到了床上以後，問題就產生了。愛美衝向廁所，顯然是去嘔吐，而在她回到床上的時候，她變得相當沒有反應。凱文納悶地想她是不是昏過去了。儘管如此，他繼續跟她性交。第二天，她對發生的事全無記憶。在凱文為了「狂野的一夜」感謝她時，她對他趁她酒醉時占她便宜大為光火，而向校方提出告訴。這裡的例子落入了一般公認的「灰色地帶」。凱文認為這只是個誤會，難道有這麼不可饒恕嗎？當然，這不會「算是」性侵吧，會嗎？畢竟她之前確實說了好，怎麼能期待他判斷得出她是不是醉得太厲害，所以無法同意呢？

實際上，這不是那麼難判斷。凱文，用這個方式來看吧：以你跟愛美做愛時她所處的狀態來看，你會認為她就那樣去開車是個好主意嗎？更切中要點的是，你會認為在那時坐上她開的車，跟她一起去兜風是個好主意嗎？跟某個醉到無法同意的人性交，實際上確實「算是」性侵。以法律語言來說，在許多州這確實就是刑事犯罪，也違反學校的行為規定。

不過在某些方面來說，這不是重點。這個場景裡沒有人想讓凱文惹上法律問題。愛美（通常）不想，學校不想，凱文當然也不想。青少年會幹許多蠢事，包括喝醉酒以後爬進車裡開車。道德教育的重點，是幫助發展他們不成熟的額葉，這個部位是像洞見、判斷、理解他人觀點、同理他人感受等能力的生物基礎。愛美想要從凱文這裡得到的，是承認傷害，並且保證他學到他的教訓了。她需要從校方得到的是道德支持，還有一個能夠幫助凱文理解他的作為是錯的、並且要求他做出彌補的體制架構。

卡普指出在這個狀況下，嚴厲的懲戒行動很可能會讓凱文覺得他受到不公平待遇，讓他加強對自身行為的防禦合理化，並且讓學生的友誼網絡兩極化，一群人會罵凱文是強暴犯，另一群人則會罵愛美是騙子。他主張，另一方面，聚焦於修復傷害的修復式正義方法，有潛力「以一種利用社會支持、導致個人的療癒，並且讓校園生活與學習的氛圍更安全的方式」，提供當責性。[28]

這種另類流程有望吸引凱文反省自己的動機與權利。他可能被請求重新考量這個信念：在一個男人性興奮的時候，就算他的伴侶失去意識了，也不能期待他停止。他也可能談到他感覺到的社會壓力：要找到人上床，才能有權利在他的男性朋友之間誇口。他可能得到道歉的勇氣。

愛美可能覺得自己被聽見也獲得了平反，而她可能得到信心，相信凱文不會再犯。兩位學生可能都覺得被重視與尊重；沒有任何一方會覺得自己被逼出校園社群。

以這種原型為基礎，卡普提議在大學校園裡廣泛實踐像療癒圈這樣的修復式正義做法，當成一種次級預防方式，較嚴厲的制裁只留給累犯、以及有明顯預謀證據的性侵案。在近期一篇跟其他校園的同僚合作的文章裡，卡普提供了發展修復式正義計畫的指南，列出程序以確保雙方的參與真的都是出於自願、檢視保密的法律界線，並且提供學生將會簽署的補償協議範本。[29]

在目前，針對大學校園性侵的修復式正義另類懲戒計畫，我們並沒有大型研究的成果資料，可以證明它的相對有效性。這類計畫都還在最初期的發展階段。然而，這裡確實是有潛力出現創新性的改編、設計良好的結果研究，以及成功計畫的更大規模散播。這樣的計畫為防治三腳架最薄弱的那隻腳——有效懲戒——提供了一個模式，可以讓它變得對所有相關人等都更強健也更公平。當然，就算校園修復式正義計畫被證明有效，將它們改造成可適用於許多其他機構，並且擴大升級到更廣大的社會裡，仍會是個很巨大的挑戰。所以，請把這些計畫想成是針對實踐文化改變的新穎方法，所做的第一階段基本社會科學研究。

總而言之：高等教育機構似乎像是個理想實驗室，我們可以在其中想像新的方法來處理性侵這個長期存在的社會問題，同時也具備提倡性別平等的社會正義使命，還有防制暴力的公衛使命。挑戰把暴君規則儀式化的根深蒂固社會習俗，是一項艱鉅的工作，在這項工作中，大學校園可以幫助創造出具備相互性的新社會習俗，並且發展激發信任的體制性慣例。而信任，又是正義民主道德社群的基礎。

結論　最長的革命

Conclusion: The Longest Revolution

至於我，我的旅程帶著我到達這一刻，毫不猶疑地相信……女人的生命有價值，終結性別暴力是達成真平等的唯一道路……（而且）我們可以終結性別暴力。

——安妮塔・希爾，《相信》1

五十多年前，我讀了一本小手冊，標題是「女人：最長的革命」，由英國作家兼心理學家茱麗葉・米契爾所寫。在書中，她向她的左派「兄弟們」澄清，為何女性解放比只是為勞動階級賦權更複雜得多。她解釋，勞工們在生產領域中被壓迫的同時，女人卻在生產、生育、性與撫養兒童這四個領域裡都受到壓迫。她補充道，在一個領域中的進展，可能被另一個領域的反動損害。她引述蘇聯為例，當地婦女在工作場所的公共進步，被所謂的私人事務——生育與性方面的反動政策——所損害。最長的革命要成功，需要女性在全部四個領域裡的賦權。2

半個世紀以來，我們在這場最長的革命裡進展如何？就全世界來說，我們至少得到象徵性的承認：女性權利是人權，這要多謝《消除對婦女一切形式歧視公約》(Convention on the Elimination of All Forms of Discrimination Against Women),聯合國大會在一九七九年通過,得到九十九個國家批准,沙烏地阿拉伯與美國則是顯著的例外。第一條陳述歧視的意思是,「指基於性別而做的任何區別、排斥或限制,其影響或其目的均足以妨礙或否認婦女不論已婚未婚在男女平等的基礎上認識、享有或行使在政治、經濟、社會、文化、公民或任何其他方面的人權和基本自由。」* 這份公約也建立了一個機制,讓簽約國每四年回報一次他們的進展。[3]

在公領域,公約聚焦於投票權以及從事公職的權利,還有平等受教以及參與公共勞動力的權利。公約也涵蓋了生育與兒童照護的私領域,陳述了生育選擇是女性的公民權,兩性對扶養子女負有相同的責任。只有性的領域未被提及;聯合國在女性愉悅的事務上仍然有所保留。但如同我們在第三章裡學到的,現在聯合國已經承認性暴力是世界性的災難。

一九九四年,聯合國創立暴力侵害婦女特別報告員的職位,來調查這個領域中的進展。十五年後,二〇〇九年,特別報告員雅金・埃爾圖克報告:「不幸的事實仍然存在,在大半狀況下,持續有人對婦女施暴卻有罪不罰,尋求正義的管道充滿了障礙,而在家庭領域中的當責性仍然難以捉摸。」[4] 二〇一九年,在一份達到二十五週年里程碑的進展報告中,特別報告員杜布拉芙卡・西蒙諾薇琪寫道:「目前,在國際規範的層次,承認婦女免於暴力的權利是一項國際人權標準,但在實際上,針對女人與女孩的性別暴力持續被容忍,而且在許多社會裡(被)正常化。」[5] 換句話說,現在有更多國家口頭上贊成女性權利的種種觀念,但超過嘴巴講講的程度之後，就需要深層的文化改變。

美國方面的進展又是如何？在第二波女性主義運動的時候，示威中的女性常常戴著上面寫著「五十九分」(59¢)的胸章。那代表在勞動中男性賺進一美元的時候，女性平均只賺得五十九分。到了一九九〇年，這筆錢一路增加到六十四分。現在根據美國勞動部的資料，非西班牙裔白人女性賺的錢是非西班牙裔白人男性的百分之七十九。黑人女性賺得的是百分之六十三，西班牙裔女性賺得的是百分之五十五。[6] 那會是個衡量進展的指標。按照這個速率，白人女性可能會在二〇七〇年左右達到相同報酬，黑人女性則要再晚五十年。

在生產方面的許多公領域裡——商業、學術、專門行業、政府與軍隊——女性代表的比例有成長，在許多例子裡，從象徵性的代表或者完全沒有，朝向百分之二十到三十的中間階段邁進，不過還不到完全融入。越是朝向權力與財富金字塔的高處，女性占比就越少。而在許多勞動力中，我們還是會發現最低薪階層的大多數人都是女性，尤其是有色人種女性。

我有個理論是，當女性在公領域許多區塊的人數，變成超過只有象徵性代表的程度之後，就會開始出聲談論暴力與剝削，而我所謂的「大掃除」也跟著開始，這是一種初始形式的正義，至少會設法揭發並譴責最惡名昭彰的性連續犯，並且把他們從掌握權力的位置上移除。這是骯

* 譯註：此處譯文出自中華民國外交部性別主流化專區的性別主流化工作資料，《消除對婦女一切形式歧視公約》，https://www.mofa.gov.tw/News_Content.aspx?n=35&s=60232.

髒工作，但必須有人去做。這在我自己的專業上肯定為真。一九八〇年代早期，精神醫學界的女性比例跨越了百分之十五的門檻。我相信這不是巧合，美國精神醫學學會婦女委員會在此時找到了自己的聲音，從一個基本上為了女性成員的象徵性支援團體，變成一個行動主義團體，要求男性主導的領導體系負起責任。我們全都看過知名精神科醫師性剝削病患的例子，我們也決定這個專業需要大掃除。

雪莉．奇森，第一位透過選舉進入國會的黑人女性，她說過一句名言：「如果他們不在桌邊給妳一個座位，就帶把折疊椅去。」一九八二年，遵循這句真言，我跟我們委員會的其他成員不請自來地去了美國精神醫學學會的董事會。我們要求官方許可，對於精神科醫師與病患之間的性來往進行一項全國性調查。董事會拒絕了我們的提議；唯一似乎願意承認問題嚴重性的人是法律顧問，而那是因為有病患開始提起執業不當的法律訴訟，讓整個機構花了不少錢。

我的同事納內特．加特瑞爾、西維雅．歐拉特跟我不接受「不」這個答案，我們決定在沒有任何專業機構的支持下自行調查，我們靠募款來進行。我們承諾維持匿名性，全國各地有超過一千四百位精神科醫師回應了我們的隨機抽樣調查。我們發現大約百分之七的男性與百分之三的女性精神科醫師，承認與一位或者多位病人發生性關係，其中百分之九十五的案例涉及男性精神科醫師。《美國精神醫學期刊》的編輯約翰．奈米亞把我們的報告送交七位審查者（一般狀況下的審查人數是兩位或三位），他們全都說，他們試過了，但找不出我們在方法論上有任何錯誤，然後在一九八六年勇敢地刊登了我們的報告。[7] 這是個非常「第二波」式的故事。我們喜歡這麼想：因為我們找麻煩，結果幾位我們專業領域裡的帶頭男性默默放棄了他們的行醫執照。

在此有幾個補充的統計數字，證實了我們的大掃除假說，這些數字全都來自我們社會中的某些部門：五十年前，女性在那裡要不是完全不存在，就是只有象徵性的存在。在美國軍隊中，女性現在構成了空軍「健兒」中的百分之二十一，海軍水手的百分之二十，還有陸軍士兵的百分之十五。[8] 在這些門檻被跨過的時候，大掃除就會發生，形式是出現越來越多現在稱為軍隊性創傷的報告。在美國國會，女性現在構成了參議院的百分之二十四，眾議院的百分之二十七，這裡有很多的大掃除要做。這裡的大掃除所採取的形式，是改變導致軍事單位中性騷擾與性暴力加害者有罪不罰的軍法法律與程序。來自兩黨的女性在這個倡議中帶頭，經過軍事高層抗拒多年，終於在二〇二一年占了上風。而在電影產業裡，到了二〇一六年，女性在前兩百五十名的電影中，占了所有導演、劇作家、製片人、執行製片及攝影師的百分之十七；大掃除的形式，則是公開揭發好萊塢及其他媒體部門高層的多位知名性連續犯，還有世界各地對這個運動的擴大響應；這個由黑人女性帶頭發起的運動，稱為 #MeToo。

在一份《紐約時報》特稿中，凱瑟琳．麥金儂觀察到，#MeToo 成就了某種光靠法律改革辦不到的事情。「針對騷擾行為的強烈反感，」她寫道，「可以改變工作場所與學校。它可以用法律目前為止達不到的方式，約束犯案累累的性連續犯，以及偶一為之或無計畫性的剝削者。把加害者當成利用不平等脆弱性的性偏見者而予以排斥，可以帶來社會變革。它可以改變強暴文化。」[9]我們可以把這些近期發展，想成生產與性的交叉領域中結合起來的進展，也是一種能夠終止有罪不罰、新形式正義的開端。

在生育領域，女性主義者在第二波運動早期得到全國法律承認避孕與墮胎的權利，自此之後就一直處於守勢，因為這些年來有一股強烈的反對力量贏得越來越多政治權力。在我寫下這一段的時候，雖然大多數公眾意見支持墮胎權，最高法院的專制多數（當然了，其中包含兩位對倖存者來說，惡名昭彰地象徵有罪不罰與不正義的大法官）才剛剛廢除了這個全國通用超過半世紀的法律判例。他們的決定會讓許多州再度把墮胎變成犯罪。這遵循了一種國際模式，其中與宗教團體結盟的少數派右翼民粹主義運動，提倡控制生育的退步法律，導致民主倒退。[10]

在兒童照護的領域，我的印象是實質上五十年來沒什麼進步。照顧的工作仍然是女人的工作，仍然被私人化，價值也還是被貶低。還要花多少輩子的時間，才能終結女人的屈從？

倖存者的目標

我已經論證，性別暴力的倖存者可以帶頭展望女性的正義，因為她們曾經近距離面對父權秩序下的不正義，並且理解最長的革命中需要的深刻文化與政治改變。有一項近期的發展，肯定了這個觀念。二〇一七年，四個主要基層組織的領袖——她們都是有色人種女性，都曾公開指出自己是性暴力倖存者——團結起來，集體發展她們所稱的「倖存者的目標」（Survivor's

Agenda）。她們進行了許多個焦點團體以及一項線上的調查，跟倖存者商議她們的願望是什麼。二〇二〇年七月，「Me Too國際」創辦人兼執行董事塔拉娜・伯克，以及「移民女性正義」（Justice for Migrant Women）的創辦人兼會長莫妮卡・拉米雷茲寫道：「終結種族歧視的奮鬥，與終結性暴力的奮鬥是彼此交織相連的。『倖存者的目標』會在這個解放的故事裡，寫下新的一章。」[11] 這是理所當然的：生活在兩種深層壓迫體系交叉口的有色人種女性，可能處於一個獨特的位置，可以把長期以來彼此分隔的孿生運動——黑人人權運動與女性人權運動——帶到一起。

拉米雷茲在二〇二〇年九月召集了一個為期三天的虛擬高峰會，在其中宣布：「現在該是倖存者集結起來，創造一個無暴力世界的願景的時候了。」在這個激進的願景中，正義不折不扣意味著終結父權以及種族歧視的支配與從屬體系，揭露它們核心的暴力，並且修復它們造成的深刻傷害。在一萬兩千名出席者面前進行主題演講的安妮塔・希爾說：「就我的經驗，過去從來沒有這樣的事。我等這一天已經等很久了。」

無數女性都等這一刻等很久了。在我的老年見證到這樣激進的女性主義覺醒，是很振奮人心的，這很像我年輕時的第二波女性主義，只是更強勁、更寬廣、更深刻。在說出「me too」這個詞彙的時候，倖存者體認到她們並不孤單，她們沒有什麼可恥之處，而她們的不幸並不是一種個人不幸。她們正在點名維繫父權體系的隱藏暴力，並且要求道德社群裡的旁觀者起身終止它。

發表於二〇二〇年、長達三十頁的〈倖存者的目標〉，是最長的革命未來的藍圖。這份目標列表中處理了婦女壓迫的所有領域。在生產方面，它要求支持最脆弱者的權利：家務工作者、靠小費生活的勞工、沒有身分證件的勞工。在撫養兒童方面，〈倖存者的目標〉要求公共投資在廣泛可取得並可負擔的日間托兒服務，以及給提供照護者可以生活的薪資。在生育方面，它要求全民健保與不受限的節育與墮胎管道。預期到最高法院的判決，在二〇二二年六月的一場連結倖存者正義與生育正義的座談會中，塔拉娜．伯克提醒她的觀眾，「運動是建立在希望上的——去尋找策略。妳們不會坐困愁城，妳們會擬定要如何前進的策略。」

在性方面，〈倖存者的目標〉再度聚焦於最脆弱的女性：被迫賣淫的女人，其中有色人種女性占比高得不成比例。因為警方、皮條客與嫖客，都以這些被委婉稱為性工作者的人為餌食，〈倖存者的目標〉要求為合意的金錢性交易除罪化。在我心中，〈倖存者的目標〉立場中的關鍵字是「合意的」。如同我們在第七章裡看到的，有多少女孩與女人出於自由意願同意賣淫是有爭議的，因為她們大多數是在種族從屬狀態、赤貧、童年受暴與無家可歸的情境下被招募的。此外，考量到世界各地被招募進入賣淫產業的人平均年齡是青春期早期到中期，大多數被招募者並沒有給予同意的法律立場。[12]就連最自由派的人都無法倡議將兒童虐待除罪化（雖然某些「性積極」派作家確實如此主張）。

因此，我會主張北歐模式對〈倖存者的目標〉來說是相當適合的。我也主張它跟療癒正義的目標更為相容，因為瑞典法律提供了曾經賣淫者取得身心健康照護、居住、職涯與教育服務的健全管道，並且為警方與大眾提供關於性產業傷害的教育。[13]在這方面，法律可以被視為類似第九章討論過的預防與公衛「三腳架」模型。

從〈倖存者的目標〉中浮現的激進正義願景，是以倖存者的安全與療癒，而非犯行者的懲罰為中心。它誠實地與最困難的問題搏鬥：如何制止虐待行為，並同時尊重造成傷害者與被傷害者的人性。它的正義願景，基本上跟我訪談倖存者時從中浮現的願景是一致的。它認為現有的社區安全結構是必要的，至少在目前如此。它並沒有要求廢除警察、法庭甚或是監獄。〈倖存者的目標〉確實要求從基礎上「重新想像社群如何處理安全」，還有創造「刑事司法體系」之外的其他選項，以倖存者的療癒而非犯行者的懲罰為中心。它要求想像出新的方式來要求加害者負起責任，而不是把他們關入牢籠或加以流放，或者否認他們的人性，雖然它承認這些新形式當責性的可分級模式還不存在。它要求一個經過更新的道德社群，其中的旁觀者放棄跟支配者共謀的容易道路，毫不遲疑地跟那些從屬者站在一起。最後，它要求充滿決心的社群投注心力於公衛與教育，好讓美化白人男性至上論的文化轉型，並且透過直接處理性暴力的「根本原因」，來防範性暴力。

這是激進的倖存者正義的願景。它挑戰我們所有人，開始去拆解我們最根深蒂固的壓迫結構，並且創造新的結構，在其中每個人都被尊重，每個人都被包含在內，每個人都有聲音。在一個人成為暴力受害者的時候，倖存者的正義挑戰我們，所有人首先都要想到，讓正義以那個人為核心，以對傷害做出補償，並且提供療癒所需的事物。倖存者需要來自她們道德社群裡的真相與修復——承認、證明清白、道歉與彌補。在社群經歷過這些補償之後，社群與倖存者之間受損的關係得到療癒，信任恢復，也造就出一種比較好的正義。

暴力的根基理念是暴政的規則。預防需要我們去學習與實踐相互性的規則——在一個民主社會裡形成信任與正義基礎的規則。這些是對每個人都有益的規則，而我們要是能按照這種規則生活，都會是幸運的。

致謝

Acknowledgments

當我父親納夫塔利・路易斯（Naphtali Lewis）在他的八十大壽慶祝會上致詞時，他提出長壽的祕密有四項：基因、地理位置、幸運與愛。現在，我自己也到了這個年紀，我開始領悟到一個人的人生道路，有多少仰賴於所處時地的偶然機遇，又有多少是受惠於先人。所以我在開頭先向我的原生家庭表達我的感激，感謝所有那些愛、支持、禮贈與恩典，讓我有可能追尋自己的道路。

在一世紀前那段如今已然消逝的時期，美國歡迎逃離迫害的移民，而我的祖父母們離開他們在東歐柵欄區（Pale of Settlement）的家，加入了由紐約港自由女神像迎接的「混亂群眾」，並且在艾利斯島得到了新的美國名字。在紐約市，他們發現了一個可以實現移民美國夢的地方，他們的勇氣與辛苦工作得到了回報：給下一代的機會。

我欠了我的母系祖父一筆獨特的人情債，我從無機會認識他，而我的名字來自他。耶胡達・布洛克（Yehuda Bloch，在美國重新被命名為約翰・布洛克〔John Block〕）在一八八七年十七歲時獨自來到這裡，做推銷員的工作，同時學習英語並存錢上醫學院。最後他變成下東區的一位全科醫師。他娶了蘿絲．布爾斯坦（Rose Boorstein），她跟她的大家庭一起來到紐約。身為長女，蘿絲必須在六年級後就離開學校，幫忙照顧她比較年幼的五個手足，而她的整個人生裡都自覺不如人，因為她缺乏教育。我的母系祖父母一起發誓，他們的孩子，女孩跟男孩一樣，都會得到大學教育。而且確實，他們的女兒海倫（Helen）在學術世界裡茁壯，從巴納德學院（Barnard College）畢業，然後得到哥倫比亞大學的心理學博士學位。我有時候會很納悶，如果她出生晚一個世代，她是否會追隨她父親的腳步，變成一位醫師。我在青少年時期告訴她，我想變成像她一樣的心理學家時，她反而叫我去念醫學院。「那樣妳會擁有更多權力。」她這麼說，而她當然是對的。而且當然了，雖然我當時沒有發現，她是想要我追隨她崇拜的父親走上的道路，他在我出生前就過世了。[1]

我的父系祖父母，黎貝佳．列夫（Rebecca Leff）與依瑟（Isser，被重新命名為「艾克」〔Ike〕）．李夫席茲（Lifschitz），在紐約的工廠找到工作，他們在那裡存錢，好把他們的弟弟妹妹從波蘭接過來。我對他們的記憶很少，因為他們在我還年幼時過世了，不過我確實記得李夫席茲爺爺在他的猶太會堂裡，以及國際婦女服裝工人工會（International Ladies' Garment Workers' Union）中，都是盡心盡力的成員。我還有個紀念品，是一個小羅斯福總統的石膏胸像，那是他們極端簡潔的布朗克斯公寓裡僅有的少數裝飾品之一。他們也盡力為他們的孩子爭取更好的東西，而他們的兩個兒子都變成大學教授。納夫塔利把他的姓氏美國化，變成了路易斯，在紐約著名的公立教育體系裡發展得很好，這個系統中包括完全免學費的城市學院（City College）。在早早就發現他的語言天分以後，他在索邦大學拿到他的古典學博士學位，然後回到紐約，他在這個城市的公立大學體系中教書教了一輩子。有一次，一所聲名顯赫的私立學院要給他一個職位，他卻回絕了，解釋說他寧願教像他自己這樣來自勞動階級的學生。

有納夫塔利跟海倫這樣的父母，我在二戰後紐約左翼知識分子令人興奮的文化環境中被養大，這是寶貴的傳承，而在當時我完全視之為理所當然。我還記得我第一次踏進一位朋友沒有塞滿書本的家時，我天真地感到震驚。從我父親那裡，我學到大半我所知道的語言之美與精確性。從我母親那裡，我學到心理學與科學探究的基礎。在他們跟他們的許多朋友同僚面對麥卡錫主義迫害的那些年頭，對於勇氣與正直，我從他們兩人身上學到我需要知道的一切——誰有這種情操，誰又沒有。我也學到了難以磨滅的一課，關乎生活在有權利法案與法治的立憲民主政體下，有體制提供某些保護以對抗政客煽動力的重要性。

雙親對我的未來都很有野心，並且鼓勵我自己的遷徙：從我的故鄉城市移居到我在哈佛大學發現的極其不同世界裡。儘管有最初的文化衝擊（那時候哈佛還有猶太人配額），我在那裡的拉德克里夫學院與哈佛醫學院，都找到了導師與終生的朋友。最後，讓我自己很訝異的是，我加入了醫學院的臨床教職員陣容，而在大學寬廣的教學醫院中，我找到一個建立專業社群的地方。所以我對這個培育我、給我一個知性之家的機構，也有深切的感激。

在過去四十年的大半時間裡，這個知性之家就是精神醫學系在哈佛醫學院的教學醫院之一、劍橋健康聯盟（Cambridge Health Alliance）裡建立的暴力受害者計畫。我對於我在那裡的同僚表現出的慷慨與奉獻充滿感激。我總是告訴想在創傷領域工作的人，永遠別獨自工作。如果妳會目睹人類能做到的最惡劣之事，妳就需要有能夠實際展現人類最美好面向的人圍繞著你。若非如此，妳到頭來就會在絕望中放棄。我在暴力受害者計畫中的姊妹與兄弟們一直是激勵的來源，不只是在診所裡，在舞台上（搬演了一個反婦女暴力日〔V-Day〕的戲劇演出）與水上（在龍舟賽裡為劍橋醫院划船）也都是。我們一起哭泣與大笑，慶祝彼此的婚姻，還有我們的孩子誕生，而現在，對於我們之中的某些長者來說，是慶祝我們的孫子誕生。許多人都變成了終生的朋友。

我也受惠於幾位朋友、同事與家庭成員，他們在這本書的寫作過程裡鼓勵我，並且給我重要的回饋。羅伯・傑・立夫頓與法蘭克・普特南在早期給我思慮周到的建議。黛安・羅森菲爾德跟我一起組織了一個全日工作坊，一起動腦思考把大學校園當成正義新願景實驗室的想法。歐莉與魯文・艾維－優納（Orli and Reuven Avi-Yonah）、梅麗莎・法利、大衛・康士坦、凱倫・梅辛（Karen Messing）以及普拉提烏莎・圖瑪拉－納拉（Pratyusha Tummala-Narra）讀過早期草稿，給我許多有用的建議。我親愛的朋友愛蜜莉・沙佐，在過去五十年裡一直是我最親近的同事，她一直持續不懈地支持我，包括提供我需要的批評。我的哥哥約翰・布拉克・路易斯（John Block Lewis），還有我女兒愛蜜莉・路易斯・勃恩特（Emily Lewis Berndt），總是在我最需要的時候給我鼓勵、跟我一起集思廣益。

我以前從沒有跟經紀人共事過，但伊萊亞斯・阿特曼（Elias Altman）立刻就理解這本書，並且給我無可估量的幫助。我的編輯拉若・海莫特（Lara Heimert），是個技藝純熟的專業人士，同時還要在疫情期間照顧一名幼兒。這本書之所以有連貫、合乎邏輯又可以理解的論證，大半都要歸功於她。錯誤與缺陷，當然都是我的問題。

當然，最重要的是我受惠於三十位報導人，她們跟我分享她們的故事還有她們的願景；我也受惠於我所有的學生與我的病人們，大多數我所知道的事情，是她們在這些年來教會我的。

譯名對照

Me Too國際組織 Me Too International

2畫

人口販運干預法庭 Human Trafficking Intervention Court

3畫

〈三度否認〉Three Times Denied
《大西洋雜誌》*The Atlantic*
女人：最長的革命 Women: The Longest Revolution
《女性主義革命》*Feminist Revolution*
山利，保羅 Shanley, Paul

4畫

〈不信任的流行病〉An Epidemic of Disbelief
少女教育與指導服務 Girls Educational & Mentoring Services, GEMS
比德曼，亞伯特 Biderman, Albert
《父女亂倫》*Father-Daughter Incest*

5畫

加特瑞爾，納內特 Gartrell, Nanette
包威，麥可・J Bowe, Michael J.
卡巴，瑪麗雅美 Kaba, Mariame
卡瓦諾，布雷特 Kavanaugh, Brett
卡普，大衛 Karp, David
卡瑪丘，費南多 Camacho, Fernando
古拉納，拉凱許 Khurana, Rakesh
史汀森，吉兒 Stinson, Jill
史奈德，提摩希 Snyder, Timothy
史奈德，瑞秋・路易絲 Snyder, Rachel Louise
史普林戈拉，凡妮莎 Springora, Vanessa
史蒂文森，布萊安 Stevenson, Bryan
布朗，傑利可 Brown, Jericho
布朗魯德尼克法律事務所 Brown, Rudnick, LLP
布萊佛德，比爾 Bradford, Bill
布萊佛德，艾咪 Bradford, Amy
布雷斯維特，約翰 Braithwaite, John
布羅德斯基，亞麗珊德拉 Brodsky, Alexandra
平等正義倡議計畫 Equal Justice Initiative
《平等法案》Equality Bill
弗雷，珍妮佛 Freyd, Jennifer
正義助妳暢行天下 Have Justice—Will Travel,

HJWT
正義現身 The Presence of Justice
《正義論》*A Theory of Justice*
正義辯護基金 Justice Defense Fund
《犯罪受害者法案》Victims of Crime Act, VOCA
瓦德，維諾娜 Ward, Wynona
立夫頓，羅伯 Lifton, Robert Jay

6畫

全國犯罪受害者中心 National Center for Victims of Crime
《全體學生》*The Student Body*
吉安尼尼，瑪麗・瑪格麗特 Giannini, Mary Margaret
多明蓋茲，豪爾赫 Dominguez, Jorge
安全犯罪者策略 Safe Offender Strategies, SOS
安東，費拉斯 Antoon, Feras
《有責之愛》*Love WITH Accountability*
米可威特，萊拉 Mickelwait, Laila
米契爾，妮基塔 Mitchell, Nikita
米契爾，茱麗葉 Mitchell, Juliet
米勒，香奈兒 Miller, Chanel
艾瑞克森，艾瑞克 Erikson, Erik
西蒙斯，艾莎・莎希達 Aishah Shahidah Simmons
西蒙斯，關多琳・柔哈拉 Simmons, Gwendolyn Zoharah
西蒙諾薇琪，杜布拉芙卡 Simonovic, Dubravka

7畫

伯克，塔拉娜 Burke, Tarana
伯格梅爾，伯納德 Bergmair, Bernd
佛洛斯特，羅文 Frost, Rowan
佛萊特斯，瑟琳娜 Fleites, Serena
克里斯多夫，尼克 Kristof, Nick
克拉夫特，羅伯特 Kraft, Robert
克雷蕭，金柏莉 Crenshaw, Kimberlé
希爾，賽義德・德里克 Hill, Saed Deryck
找到G點 Find the G-Spot
李文森，吉兒 Levenson, Jill
沃爾許，瑪麗 Walsh, Mary
沙佐，艾蜜莉 Schatzow, Emily
男人停止暴力 Men Stopping Violence, MSV
男性框框 Man Box
男性氣質、結盟、反省、團結計畫 Masculinity, Allyship, Reflection, Solidarity, MARS
貝克，茱蒂絲 Becker, Judith
里維拉，莉比亞 Rivera, Lybia
里德學院 Reed College

8畫

佩利，葛蕾絲 Paley, Grace
《受剝削兒童安全港法案》Safe Harbor for Exploited Children Act
坦伯頓基金會 Templeton Foundation
奇森，雪莉 Chisholm, Shirley
奈米亞，約翰 Nemiah, John
奈勒，布朗雯 Naylor, Bronwyn
奈爾，阿里耶 Neier, Aryeh
岡多夫，愛德華 Gondolf, Edward
帕特森，奧蘭多 Patterson, Orlando
《幸運的女兒：一部和解回憶錄》*Fortunate Daughter: A Memoir of Reconciliation*
《性之正義》*Sexual Justice*
性公民權：校園性、權力與性侵的一項里程碑研究 Sexual Citizens: A Landmark Study of Sex, Power, and Assault on Campus
性交易研究與教育 Prostitution Research and

Education
性健康、倡議與關係教育計畫 Sexual Health, Advocacy and Relationship Education program
拉米雷茲，莫妮卡 Ramirez, Monica
拉德克利夫高等研究院 Radcliffe Institute for Advanced Studies
明恥整合實驗 Reintegrative Shaming Experiments, RISE
法利，梅麗莎 Farley, Melissa
法莫，比爾 Farmer, Bill
《波士頓環球報》*Boston Globe*
波松，梅格 Bossong, Meg
社群回復計畫 Comminity Restoration Program
芹田斗子 Serita, Toko
金恩，馬丁・路德 King Jr., Martin Luther
阿布杜拉莉，蘇海拉 Abdulali, Sohaila
阿克曼，艾莉莎 Ackerman, Alissa

9畫

《哈佛深紅報》*Harvard Crimson*
哈格提，芭芭拉・布萊德利 Hagerty, Barbara Bradley
哈維，瑪麗 Harvey, Mary
威廉斯，伯納德 Williams, Bernard
恢復 RESTORE
柯絲，瑪麗 Koss, Mary
洛伊德，瑞秋 Lloyd, Rachel
《相信》*Believing*
美國大學協會 American Association of Universities, AAU
美國國家心理衛生研究院 National Institute of Mental Health, NIMH
《美國精神醫學期刊》*The American Journal of Psychiatry*
范德寇，貝塞爾 van der Kolk, Bessel

10畫

〈修復式正義的限制〉The Limits of Restorative Justice
倫敦，羅斯 London, Ross
《原諒之前：一個道德觀念的起源》*Before Forgiveness: The Origins of a Moral Idea*
〈原諒的棘手問題〉The Thorny Question of Forgiveness
埃爾圖克，雅金 Erturk, Yakin
家暴干預計畫 Domestic Abuse Intervention Programs
恩斯勒，伊芙 Ensler, Eve
柴特，羅斯 Cheit, Ross
桑迪，佩姬 Sanday, Peggy
《消除對婦女一切形式歧視公約》Convention on the Elimination of All Forms of Discrimination Against Women
真相與和解委員會 Truth and Reconciliation Commission, TRC
納思邦，瑪莎 Nussbaum, Martha
紐約紅絲襪 New York Redstockings
《針對女性的暴力》*Violence Against Women*
馬丁，迪爾穆德 Martin, Diarmuid
高立克，葉拉哈米爾 Gorelik, Yerachmiel
《高等教育紀事報》*Chronicle of Higher Education*

11畫

匿名戒酒會家屬團體 Al-Anon
國家私刑紀念公園 National Lynching Memorial
國家和平與正義紀念公園 National Memorial for Peace and Justice
國家婦女法律中心 National Women's Law Center
國際創傷壓力研究協會 International Society for

Traumatic Stress Studies
屠圖，戴斯蒙 Tutu, Desmond
康，沙姆斯 Khan, Shamus
康士坦，大衛 Konstan, David
強森，莎拉 Johnson, Sarah
《強暴是一種犯罪嗎？》*Is Rape a Crime?*
〈現在補償！明天補償！永遠補償！〉Reparations Now! Reparations Tomorrow! Reparations Forever!
移民女性正義 Justice for Migrant Women
第一回坦白談強暴 The First Speakout on Rape
莎拉之子，凱西 Sarachild, Kathie
郭伯多－馬蒂吉茲拉，普姆拉 Gobodo-Madikizela, Pumla
麥克馬漢，蘿西 McMahan, Rosie
麥金儂，凱瑟琳・A MacKinnon, Catherine A.
麥蒙尼德斯，摩西 Maimonides, Moses

12畫

傑寇比，蘇珊 Jacoby, Susan
凱利，R Kelly, R.
勞，伯納德 Law, Bernard
《就是女性主義》*Feminism Unmodified*
〈就職致詞〉Inaugural
〈復仇是酸的〉Revenge Is Sour
普特南，法蘭克 Putnam, Frank
普萊斯，凱特 Price, Kate
湯瑪斯，克萊倫斯 Thomas, Clarence
《童年與社會》*Childhood and Society*
萊特，理查 Wright, Richard

13畫

《亂世佳人》*Gone with the Wind*
塔希洛，大衛 Tassillo, David
奧倫斯坦，佩吉 Orenstein, Peggy
楊，威廉 Young, William
《當我們談論強暴時，我們在談論什麼》*What We Talk About When We Talk About Rape*
《罪行、懲罰與修復式正義》*Crime, Punishment, and Restorative Justice*
葛林，蘿瑞 Greene, Lori
葛森，瑪莎 Gessen, Masha
《道歉》*The Apology*
達利，凱瑟琳 Daly, Kathleen
雷根，隆納 Reagan, Ronald
雷斯尼克，菲爾 Resnick, Phil

14畫

奪回夜晚 Take Back the Night
〈對波士頓總教區的改革呼籲〉A Call to Reform the Archdiocese of Boston
漢姆，芭芭拉 Hamm, Barbara
福特，克莉絲汀・布雷西 Ford, Christine Blasey
福斯特，德魯 Faust, Drew
赫希，珍妮佛 Hirsch, Jennifer
赫緒曼，麗莎 Hirschman, Lisa

15畫

劍橋健康聯盟 Cambridge Health Alliance
劍橋醫院 Cambridge Hospital
墨菲，傑佛瑞 Murphy, Jeffrie
德沃金，安德莉雅 Dworkin, Andrea
德魯斯模式 Duluth Model
暴力受害者 Victims of Violence, VoV
《暴政》*On Tyranny*
歐拉特，西維雅 Olarte, Silvia
歐馬利，尚恩・派屈克 O'Malley, Seán Patrick
〈遭到性剝削的年輕人：一個來自法官席的觀

點〉Sexually Exploited Youth: A View from the Bench

16畫

學生非暴力協調委員會 Student Nonviolent Coordinating Committee
《學院與大學的修復式正義小手冊》*The Little Book of Restorative Justice for Colleges and Universities*
澤爾，霍華 Zehr, Howard
盧比諾，史蒂芬 Rubino, Stephen
〈親愛的『嫖客』——一封對買春者的公開信〉Dear 'Johns'—an Open Letter to Sex Buyers
〈親愛的哈佛：你贏了〉Dear Harvard: You Win
鮑德勒，米雪兒 Bowdler, Michelle

17畫

戴弗斯，貝琪 deVos, Betsy
總統特派犯罪受害者任務小組 Presidential Task Force on Victims of Crime

18畫

薩丁娜，阿萊莎 Sardina, Alexa

19畫

《爆炸》*Blowin' Up*
瓊斯，艾希莉・M Jones, Ashley M.
瓊斯，凱拉 Jones, Kyra
羅斯伯格，麥可 Rothberg, Michael
羅森菲爾德，黛安 Rosenfeld, Diane
羅爾斯，約翰 Rawls, John

20畫

蘇波，莎拉 Super, Sarah
覺察、反應與教育中心 Center for Awareness, Response and Education, CARE

註釋
Notes

導言 Introduction

1 J L Herman: *Trauma and Recovery: The Aftermath of Violence—from Domestic Abuse to Political Terror*. New York: Basic Books, 1992, 1997, 2015, 2022。(中譯本：《創傷與復原(30週年紀念版)：性侵、家暴和政治暴力倖存者的絕望及重生》，茱蒂絲·赫曼著，施宏達、陳文琪、向淑容譯，左岸文化，2023年)

2 R J Lifton: *Death in Life: Survivors of Hiroshima*. Chapel Hill, NC: University of North Carolina Press, 1969, 1991.

3 United Nations: *The World's Women 2015: Trends and Statistics*. Department of Economic and Social Affairs, Statistics Division, 2015.

4 G Paley: "Two Ears, Three Lucks." *The Collected Stories*. New York: Farrar, Straus & Giroux, 1994, p. xi.

5 K Sarachild: "Consciousness-Raising: A Radical Weapon." In: *Feminist Revolution*. New York: Redstockings, 1975。凱西依照她母親的名字而非她父親的名字重新為自己命名，以此作為她的第一波基進女性主義行動之一。

6 D J Henderson: "Incest." In: A M Freedman, H I Kaplan & B J Sadock (Eds.): *Comprehensive Textbook of Psychiatry*, 2nd Edition. Baltimore: Williams & Wilkins, 1975, p. 1532.

7 J L Herman & L Hirschman: Father-daughter incest. *Signs: Journal of Women in Culture and Society* 1977; 2:735–756.

8 S Brownmiller: *Against Our Will: Men, Women, and Rape*. New York: Simon & Schuster, 1975. L Walker: *The Battered Woman*. New York: William Morrow, 1979. C MacKinnon: *Sexual Harassment of Working Women*. New Haven, CT: Yale University Press, 1979.

9 這裡以及其他幾處自傳性段落，首先出現在J L Herman: Helen Block Lewis: A memoir of three generations. *Psychoanalytic Psychology* 2013; 30:528–534.

10 K Crenshaw: "How R. Kelly Got Away with It," *New York Times*, October 3, 2021.

方法論說明 A Note About Methodology

1 J L Herman: Justice from the victim's perspective. *Violence Against Women* 2005; 11:571–602.

1 暴政的規則 The Rules of Tyranny

1 T Snyder: *On Tyranny: Twenty Lessons from the Twentieth Century*. New York: Penguin Random House, 2017。(中譯本：《暴政：掌控關鍵年代的獨裁風潮，洞悉時代之惡的20堂課》，提摩希·史奈德著，劉維人譯，聯經出版公司，2019年)
2 A D Biderman: Communist attempts to elicit false confessions from air force prisoners of war. *Bulletin of the New York Academy of Medicine* 1957; 33:616–626; quote on p. 617.
3 Amnesty International: *Report on Torture*. New York: Farrar, Straus & Giroux, 1973.
4 KUBARK Counterintelligence Manual (1963), p. 90. Quoted in F W Putnam: *The Way We Are: How States of Mind Influence Our Identities, Personality, and Potential for Change*. New York: IP Books, 2016, p. 373.
5 Former justice Alex Kozinsky of the Ninth Circuit Court of Appeals, quoted in M C Nussbaum: *Citadels of Pride: Sexual Assault, Accountability, and Reconciliation*. New York: Norton, 2021, p. 143。(中譯本：《傲慢的堡壘：重探性侵害的問題根源、問責制的未竟之業，以及追求性別正義的道路該如何前進？》，瑪莎·納思邦著，堯嘉寧譯，麥田，2022年；p. 236)
6 R Lloyd: *Girls Like Us: Fighting for a World Where Girls Are Not for Sale, an Activist Finds Her Calling and Heals Herself*. New York: HarperCollins, 2011, pp. 95–96.
7 K Richards & M Jagger: "Under My Thumb." In: *Aftermath*. London: Decca Records, 1966.
8 O Patterson: *Slavery and Social Death*. Cambridge, MA: Harvard University Press, 1982.
9 M Gessen: *Surviving Autocracy*. New York: Riverhead Books, 2020, p. 47.
10 Ibid., p. 111.
11 M Rothberg: *The Implicated Subject: Beyond Victims and Perpetrators*. Stanford, CA: Stanford University Press, 2019.

2 平等的規則 The Rules of Equality

1 Quoted in K Young: "Our Freedom Is America's Freedom," *New York Times*, June 20, 2021, p. SR 5.
2 J Rawls: *A Theory of Justice*. Revised Edition. Cambridge, MA: Harvard University Press, 1999.
3 Quoted in L Weschler: *A Miracle, a Universe: Settling Accounts with Torturers*. New York: Pantheon, 1990, p. 244.
4 M C Nussbaum: *Citadels of Pride: Sexual Assault, Accountability, and Reconciliation*. New York: Norton, 2021, pp. 41–56。(中譯本：《傲慢的堡壘：重探性侵害的問題根源、問責制的未竟之業，以及追求性別正義的道路該如何前進？》，瑪莎·納思邦著，堯嘉寧譯，麥田，2022年；p.

85-109）
5 S Jacoby: *Wild Justice: The Evolution of Revenge*. New York: Harper & Row, 1983.
6 Retrieved from "Revenge Is Sour," The Complete Works of George Orwell, http://www.george-orwell.org/Revenge_is_Sour/0.html.
7 J Murphy: "The Retributive Emotions." In: J G Murphy & J Hampton (Eds.): *Forgiveness and Mercy*. Cambridge, UK: Cambridge University Press, 1988, pp. 1–9.
8 R London: *Crime, Punishment, and Restorative Justice: From the Margins to the Mainstream. Boulder*, CO: First Forum Press, 2011, p. 64.
9 Ibid., pp. 74–75.
10 E Erikson: *Childhood and Society*. New York: Norton, 1950.
11 我的這項觀察以及許多其他方面，都受惠於我母親開創性的工作，她是一位心理分析師，同時也是一位研究者，研究的是道德情緒。參見 H B Lewis: *Psychic War in Men and Women*. New York: New York University Press, 1976, pp. 71–72.
12 C Miller: *Know My Name: A Memoir*. New York: Viking, 2019, pp. 349–350。（中譯本：《這是我的名字》，香奈兒・米勒〔張小夏〕著，陳柔含譯，野人，2021年；p. 353）
13 E Erez: Who's afraid of the big bad victim? Victim impact statements as victim empowerment and enhancement of justice. *Criminal Law Review*; July 1999, 545–556.
14 B Williams: *Shame and Necessity*. Berkeley: University of California Press, 1990, p. 80.

3 父權體制 Patriarchy

1 C A MacKinnon: *Feminism Unmodified: Discourses on Life and Law*. Cambridge, MA: Harvard University Press, 1987, p. 169.
2 United Nations: *The World's Women 2015: Trends and Statistics.* Department of Economic and Social Affairs, Statistics Division, 2015.
3 P Tjaden & N Thoennes: *Prevalence, Incidence, and Consequences of Violence Against Women: Findings from the National Violence Against Women Survey*. US Department of Justice, National Institute of Justice, 1998. M J Breiding, S G Smith, K C Basile, et al.: Prevalence and characteristics of sexual violence, stalking, and intimate partner violence victimization: National Intimate Partner and Sexual Violence Survey. *Morbidity and Mortality Weekly Report, Surveillance Summaries* 2014; 63:1–18.
4 "Wartime Sexual Violence," Wikipedia, https://en.wikipedia.org/wiki/Wartime_sexual_violence#1974_to_1992.
5 J D Foubert, A Clark-Taylor & A F Wall: Is campus rape primarily a serial or one-time problem: Evidence from a multi-campus study. *Violence Against Women* 2019; 25:1–16.
6 "Prevention Strategies," CDC, www.cdc.gov/violenceprevention/childabuseandneglect/prevention.html.
7 J Herman, D Russell & K Trocki: Long-term effects of incestuous abuse in childhood. *American Journal of*

Psychiatry 1986; 143:1293–1296.
8 J L Herman: *Father-Daughter Incest*. Cambridge, MA: Harvard University Press, 1981.
9 R Lanius: "Restoration of the Hijacked Self: Toward Embodiment and Connection." Lecture at 32nd Boston International Trauma Conference, May 27, 2021.
10 V Springora: *Consent* (English translation by R Lehrer). New York: HarperCollins, 2021, p. 156.
11 J G Noll: Child sexual abuse as a unique risk factor for the development of psychopathology: The compounded convergence of mechanisms. *Annual Review of Clinical Psychology* 2021; 17:1–26.
12 Ibid.
13 R Kluft: "On the Apparent Invisibility of Incest." In: R Kluft (Ed.): *Incest-Related Syndromes of Adult Psychopathology*. Washington, DC: American Psychiatric Association Press, 1990, p. 25.
14 A Dworkin: Prostitution and male supremacy. *Michigan Journal of Gender & Law* 1993; 1:1.
15 J G Noll, P K Trickett, W W Harris, et al.: The cumulative burden borne by offspring whose mothers were sexually abused as children: Descriptive results from a multigenerational study. *Journal of Interpersonal Violence* 2009; 24:424–449.
16 C S Widom, S J Czaja & K A DuMont: Intergenerational transmission of child abuse and neglect: Real or detection bias? *Science* 2015; 347:1480–1485. J Kaufman & E Zigler: Do abused children become abusive parents? *American Journal of Orthopsychiatry* 1987; 57:186–192.
17 United Nations: *Ending Violence Against Women: From Words to Action, Study of the Secretary-General (Overview)*. UN Women, 2006, p. iv.
18 C P Smith & F J Freyd: Institutional betrayal. *American Psychologist* 2014; 69:575–587.
19 K A Lonsway & J Archambault: The "justice gap" for sexual assault cases: Future directions for research and reform. *Violence Against Women* 2012; 18:145–168.
20 B R Hagerty: "An Epidemic of Disbelief: What New Research Reveals About Sexual Predators, and Why Police Fail to Catch Them," *The Atlantic*, August 2019.
21 M S Morabito, L M Williams & A Pattavina: *Decision Making in Sexual Assault Cases: Replication Research on Sexual Violence Case Attrition in the U.S.* Washington, DC: US Department of Justice, 2019.
22 J Manning: "Survivors Deserve Justice," *New York Times*, September 29, 2021, p. A20.
23 M Bowdler: *Is Rape a Crime? A Memoir, an Investigation, and a Manifesto*. New York: Flatiron Books, 2020, p. 145.
24 R Campbell, S R Wasco, C E Ahrens, et al.: Preventing the "second rape": Rape survivors' experiences with community service providers. *Journal of Interpersonal Violence* 2001; 16:1239–1259.
25 D Lisak, L Gardinier, A C Nicksa, et al.: False allegations of sexual assault: An analysis of ten years of reported cases. *Violence Against Women* 2010; 16:1318–1334.
26 S Gagnon & A Wagner: Acute stress and episodic memory retrieval: Neurobiological mechanisms and behavioral consequences. *Annals of the New York Academy of Sciences* 2016; 1369:55–75.
27 J L Herman: Crime and memory. *Bulletin of the American Academy of Psychiatry and Law* 1995; 23:5–17.

D Brown, A W Scheflin & D C Hammond: *Memory, Trauma Treatment, and the Law*. New York: W W Norton & Company, 1998.

28 R McMahan: *Fortunate Daughter: A Memoir of Reconciliation*. Berkeley, CA: She Writes Press, 2021, pp. 106–107, 116–118.

29 M Alexander: *The New Jim Crow: Mass Incarceration in the Age of Colorblindness*. New York: New Press, 2010.

30 A S Simmons: *Love WITH Accountability: Digging Up the Roots of Child Sexual Abuse*. Chico, CA: AK Press, 2019.

4 承認 Acknowledgment

1 A Brodsky: *Sexual Justice: Supporting Victims, Ensuring Due Process, and Resisting the Conservative Backlash*. New York: Metropolitan Books, 2021, p. 76.

2 K Dwyer, D Walsh & A H Webb: *Call to Reform the Archdiocese of Boston*. Unpublished manuscript, 2003.

3 John Harvard's Journal: "Neither Comfort nor Cover: A Withering Investigation of Sexual Harassment," *Harvard Magazine*, May–June 2021, 22–23.

4 A Brodsky：私人通訊，2021年8月25日。

5 道歉 Apology

1 J Curran: "Sex Scandal Big Business for Lawyer," Associated Press, April 1, 2002.

2 A Lazare: *On Apology*. New York: Oxford University Press, 2004.

3 N Tavuchis: *Mea Culpa: A Sociology of Apology and Reconciliation*. Stanford, CA: Stanford University Press, 1991.

4 R McMahan: *Fortunate Daughter: A Memoir of Reconciliation*. Berkeley, CA: She Writes Press, 2021.

5 R McMahan：訪問，2021年6月3日。

6 E Schatzow and J L Herman: Breaking secrecy: Adult survivors disclose to their families. *Psychiatric Clinics of North America* 1989; 12:337–350.

7 H Zehr: *Changing Lenses: A New Focus for Crime and Justice*. Scottsdale, PA: Herald Press, 1990.

8 D Konstan: *Before Forgiveness: The Origins of a Moral Idea*. New York: Cambridge University Press, 2010.

9 E Ensler: *The Apology*. New York: Bloomsbury, 2019。（中譯本：《道歉》，伊芙・恩斯勒著，丁凡譯，心靈工坊，2019年）

10 V (E Ensler): "The Alchemy of Apology." Lecture at the 32nd Boston International Trauma Conference, May 29, 2021.

11 R Enright: *Forgiveness Is a Choice: A Step-by-Step Process for Resolving Anger and Restoring Hope*. Washington, DC: American Psychological Association, 2002.

12 A M Hunter: "The Thorny Question of Forgiveness." Sermon delivered at Maple Street United Methodist

Church, Lynn, Massachusetts, October 17, 1999. Unpublished manuscript provided by author. Boston: Safe Havens Interfaith Partnership Against Domestic Violence, pp. 4–5.
13 D Martin: "Harm, Hope and Healing: International Dialogue on the Clergy Sex Abuse Scandal" Lecture at Marquette University Law School Conference, Milwaukee, Wisconsin, April 4, 2011.
14 Y Gorelik: "Exploring the Complexities of Forgiveness," *The Conversation*, January 26, 2017, https://theconversation.com/exploring-the-complexities-of-forgiveness-71774#.

6 究責 Accountability

1 J Brown: "Inaugural," *New York Times Magazine*, January 31, 2021, p. 27.
2 Alliance for Safety and Justice: *Crime Survivors Speak: National Survey of Victims' Views*. San Francisco, CA: David Binder Research, 2016.
3 D Paterson & R Campbell: Why rape survivors participate in the criminal justice system. *Journal of Community Psychology* 2010; 38:191–205.
4 J Braithwaite: "The Fundamentals of Restorative Justice." In: D Sullivan and L Tiffit (Eds.): *Handbook of Restorative Justice: A Global Perspective*: London: Routledge, 2006, pp. 35–43.
5 J Braithwaite: *Crime, Shame, and Reintegration*. Cambridge, UK: Cambridge University Press, 1989, p. 156.
6 Ibid.
7 J Stubbs: "Domestic Violence and Women's Safety: Feminist Challenges to Restorative Justice." In: H Strang & J Braithwaite (Eds.): *Restorative Justice and Family Violence*. Cambridge, UK: Cambridge University Press, 2002, pp. 42–61. K Daly: Restorative justice: The real story. *Punishment & Society* 2001; 4:55–79. A Smith: Preface. In: C-I Chen, J Dulani & L Lakshmi (Eds.): *The Revolution Starts at Home: Confronting Intimate Violence Within Activist Communities*. Chico, CA: AK Press, 2016, pp. xiii–xvii.
8 H Zehr: *Changing Lenses: A New Focus for Crime and Justice*. Scottsdale, PA: Herald Press, 1990, p. 172.
9 H Zehr: *Transcending: Reflections of Crime Victims*. Intercourse, PA: Good Books, 2001, p. 195.
10 P Gobodo-Madikizele：訪問，2009年10月12日。
11 K Daly: "The Limits of Restorative Justice." In: D Sullivan & L Tifft (Eds.): *Handbook of Restorative Justice: A Global Perspective*. New York: Routledge, 2006, pp. 134–144.
12 The Chrysalis Collective: "Beautiful, Difficult, Powerful: Ending Sexual Assault Through Transformative Justice." In: C-I Chen, J Dulani & L L Piepzna-Samarasinha: *The Revolution Starts at Home: Confronting Intimate Violence Within Activist Communities*. Chico, CA: AK Press, 2016, pp. 189–206.
13 J Stubbs: "Domestic Violence and Women's Safety: Feminist Challenges to Restorative Justice." In: H Strang & J Braithwaite: *Restorative Justice and Family Violence*. Cambridge, UK: Cambridge University Press, 2002, pp. 43–61. D A Leidholdt: *Sanctuary for Families*. New York: Unpublished memorandum, November 2021.
14 G Duwe: Can circles of support and accountability (COSA) work in the United States: Preliminary

results from a randomized experiment in Minnesota. *Sexual Abuse: A Journal of Research and Treatment* 2013; 25:143–165.
15 A Lanni: Taking restorative justice seriously. *Buffalo Law Review* 2021; 69:635–681.
16 R London: *Crime, Punishment, and Restorative Justice: From the Margins to the Mainstream*. Boulder, CO: First Forum Press, 2011, p. 177.
17 Ibid., p. 183.
18 M Kaba: *We Do This' Til We Free Us: Abolitionist Organizing and Transformative Justice.* Chicago, IL: Haymarket Books, 2021.
19 B Naylor: Effective justice for victims of sexual assault: Taking up the debate on alternative pathways. *UNSW Law Journal* 2010; 33:662–684.
20 BishopAccountability.org: https://www.bishopaccountability.org.
21 K Dwyer：私人通訊，2020年11月。
22 *Fleites et al. v. MindGeek et al.*, US District Court, Central District of California, Case No. 2:21-cv-4920, filed June 17, 2021.
23 M Farley：私人通訊，2021年9月25日。我也受惠於正義辯護基金（Justice Defense Fund）的創辦人兼執行長萊拉・米可威特（Laila Mickelwait），她在2022年6月19日告訴我這些案件的最新狀態。更多資訊請參見S Kolhatkar: "The Perils of Pornhub," *New Yorker*, June 20, 2022, pp. 30–39.

7 平復 Restitution

1 A M Jones: "Reparations Now, Reparations Tomorrow, Reparations Forever." In: *Reparations Now!* Spartanburg, SC: Hub City Press, 2021.
2 S Herman & M Waul: *Repairing the Harm: A New Vision for Crime Victim Compensation in America*. Washington, DC: National Center for Victims of Crime, 2004, p. 57.
3 I Cho & A Kim: "Lawsuit Alleges Harvard Ignored Sexual Harassment Complaints Against John Comaroff for Years," *Harvard Crimson*, February 9, 2022.
4 "Guide for a Trauma-Informed Law Enforcement Initiative," City of Cambridge, 2020, https://www.cambridgema.gov/-/media/Files/policedepartment/SpecialReports/guideforatraumainformedlawenforcementinitiative.pdf.
5 B Hamm, PsyD：私人通訊，2020年。
6 F Camacho: Sexually exploited youth: A view from the bench. *Touro Law Review* 2015; 31:377–382.
7 Ibid., p. 379.
8 F Camacho：訪問，2021年11月8日。
9 F Camacho: "Human Trafficking and the Courts—the Evolution of Perceptions and the Responses to Prostitution and Human Trafficking over the Last Thirty-Five Years." Lecture at Sanctuary for Families

Conference, October 1, 2019.
10 S Wang-Breal: *Blowin' Up*. 紀錄片。New York: Once in a Blue Films, 2019.
11 H, J & P: "Dear Johns—An Open Letter to Sex Buyers," *Boston Globe*, March 18, 2019, p. A9.
12 T Serita：訪問，2021年12月30日。
13 See, for example, "Sex, Carceralism, and Capitalism." In: A Srinivasan: *The Right to Sex: Feminism in the Twenty-First Century*. New York: Farrar, Straus & Giroux, 2021, pp. 149–179.
14 L Platt, P Grenfell, R Meiksin, et al.: Associations between sex work laws and sex workers' health. *PLoS Med* 2018; 15(12):e1002680.
15 R Moran & M Farley: Consent, coercion, and culpability: Is prostitution stigmatized work or an exploitative and violent practice rooted in sex, race and class inequality? *Archives of Sexual Behavior* 2018; 48:1947–1953. M Farley: Making the connections: Resource extraction, prostitution, poverty, climate change, and human rights. *International Journal of Human Rights* 2021; https://www.tandfonline.com/doi/full/10.1080/13642987.2021.1997999.
16 New Zealand Prostitution Law Review Committee: *Report of the Prostitution Law Review Committee on the Operation of the Prostitution Reform Act of 2003*. Wellington, New Zealand, 2008.
17 W Kaime-Atterhog: *Perspectives on the Swedish Model to Prevent and Combat Prostitution and Trafficking for Purposes of Sexual Exploitation*. Stockholm: House of Plenty Foundation, 2021.
18 M Waltman: *Pornography: The Politics of Legal Challenges.* New York: Oxford University Press, 2021。完整的證據回顧，包括瑞典文及英文出版的大量文獻，請特別參考Chapter 9: "Substantive Equality Prostitution Law, 1999–2019," pp. 334–370.
19 F Camacho：訪問，2021年11月8日。
20 F Camacho: "Human Trafficking and the Courts—The Evolution of Perceptions and the Responses to Prostitution and Human Trafficking over the Last Thirty-Five Years." Lecture at Sanctuary for Families "Vision for Change" Conference, New York, October 27, 2019.
21 F Camacho：訪問，2021年11月8日。

8 復歸 Rehabilitation

1 Quoted in A R Ackerman & J S Levenson: *Healing from Sexual Violence: The Case for Vicarious Restorative Justice.* Brandon, VT: Safer Society Press, 2019, p. 89.
2 M DeLisi, A E Kosloski, M G Vaughn, et al.: Does childhood sexual abuse victimization translate into juvenile sexual offending? New evidence. *Violence and Victims* 2014; 29:620–635.
3 D Dehart & S Lynch: *Women's and Girls' Pathways Through the Criminal Legal System: Addressing Trauma, Mental Health, and Marginalization.* San Diego, CA: Cognella, 2021.
4 G Duwe: Can circles of support and accountability (COSA) work in the United States: Preliminary results from a randomized experiment in Minnesota. *Sexual Abuse: A Journal of Research and Treatment*

2013; 25:143–165.
5 J L Herman: Considering sex offenders: A model of addiction. *Signs: Journal of Women in Culture and Society* 1988; 13:695–724.
6 R L Snyder: *No Visible Bruises: What We Don't Know About Domestic Violence Can Kill Us.* New York: Bloomsbury, 2019.
7 D Rosenfeld: "Who Are You Calling a 'Ho'? Challenging the Porn Culture on Campus." In: M T Reist & A Bray (Eds.): *Big Porn Inc: Exposing the Harms of the Pornography Industry*. Victoria, Australia: Spinifex Press, 2011, pp. 41–52; quote on p. 45.
8 H M Zinzow & M Thompson: A longitudinal study of risk factors for repeated sexual coercion and assault in U.S. college men. *Archives of Sexual Behavior* 2015; 44:213–222. J D Foubert, A Clark-Taylor & A F Wall: Is campus rape primarily a serial or one-time problem? Evidence from a multi-campus study. *Violence Against Women* 2019; 25:1–16.
9 "About Us," Domestic Abuse Intervention Programs, https://www.theduluthmodel.org/about-us.
10 R E Dobash, R P Dobash, K Cavanaugh, et al.: *Changing Violent Men*. Thousand Oaks, CA: Sage, 2000. E Gondolf: *Batterer Intervention Systems: Issues, Outcomes, and Recommendations*. Thousand Oaks, CA: Sage Publications, 2002.
11 E Gondolf: *The Future of Batterer Programs: Reassessing Evidence-Based Practice*. Boston, MA: Northeastern University Press, 2012.
12 U Douglas, D Bathrick & P A Perry: Deconstructing male violence against women: The Men Stopping Violence community-accountability model. *Violence Against Women* 2008; 14:247–261.
13 J D Stinson & J V Becker: *Treating Sex Offenders: An Evidence-Based Manual.* New York: Guilford, 2013.
14 M Koss: The RESTORE Program of Restorative Justice for sex crimes: Vision, process, and outcomes. *Journal of Interpersonal Violence* 2014; 29:1623–1660.
15 A R Ackerman & J S Levenson: *Healing from Sexual Violence: The Case for Vicarious Restorative Justice*. Brandon, VT: Safer Society Press, 2019.

9 預防 Prevention

1 S Abdulali: *What We Talk About When We Talk About Rape*. New York: New Press, 2018, p. 133.
2 K M Boyle: Social psychological processes that facilitate sexual assault with the fraternity party subculture. *Sociology Compass* 2015; 9:386–399. K McCray: Intercollegiate athletics and sexual violence: A review of literature and recommendations for future study. *Trauma, Violence and Abuse* 2015; 16:438–443.
3 P R Sanday: *Fraternity Gang Rape: Sex, Brotherhood, and Privilege on Campus*. New York: New York University Press, 2007.
4 F W Putnam: *Something Terrible Happened to These Children: Memoir of a Child Abuse Doctor*. Unpublished manuscript, 2022.

5 D Rosenfeld: Uncomfortable conversations: Confronting the reality of target rape on campus. *Harvard Law Review Forum* 2015; 128:359–380.

6 J D Foubert, A Clark-Taylor & A F Wall: Is campus rape primarily a serial or one-time problem: Evidence from a multi-campus study. *Violence Against Women* 2019; 25:1–16.

7 MASOC Campus Sexual Misconduct Conference, William James College, Boston, Massachusetts, June 10, 2021.

8 J S Santelli, S A Grilo, T-H Choo, et al.: Does sex education before college protect students from sexual assault in college? *PLoS ONE* 2018; 13(11):e0205951.

9 P Orenstein: "Ignoring Pornography Won't Make It Go Away," *New York Times*, June 15, 2021.

10 C A MacKinnon: *Feminism Unmodified: Discourses on Life and Law*. Cambridge, MA: Harvard University Press, 1987, p. 171.

11 S D Hill：訪問，2020年11月18日及2020年12月10日。

12 K Peterson, P Sharps, V Banyard, et al.: An evaluation of two dating violence prevention programs on a college campus. *Journal of Interpersonal Violence Online* 2016; 1–26. https://doi,org/10.1177/08862605 1663069. K Alegria-Flores, K Raker, R K Pleasants, et al.: Preventing interpersonal violence on college campuses: The effect of One Act training on bystander intervention. *Journal of Interpersonal Violence* 2017; 32:1103–1126.

13 A L Coker, B S Fisher, H M Bush, et al.: Evaluation of the Green Dot Bystander Intervention to reduce interpersonal violence among college students across three campuses. *Violence Against Women* 2015; 21:1507–1527.

14 T N Richards: An updated review of institutions of higher education's responses to sexual assault: Results from a nationally representative sample. *Journal of Interpersonal Violence* 2019; 34:1983–2012.

15 C Mengo & B M Black: Violence victimization on a college campus: Impact on GPA and school dropout. *Journal of College Student Retention: Research, Theory & Practice* 2015; 16:1–15.

16 Anonymous: "Dear Harvard: You Win," *Harvard Crimson*, March 31, 2014.

17 John Harvard's Journal: "Harvard's Sexual Assault Problem," *Harvard Magazine*, November–December 2015, 18–20.

18 K J Holland, L M Cortina & J J Freyd: Compelled disclosure of college sexual assault. *American Psychologist* 2018; 73:256–268.

19 J F Isselbacher and A Y Su: "With End of Sanctions, Khurana Bids Signature Policy Proposal Goodbye," *Harvard Crimson*, July 1, 2020.

20 S C Chu & I M Lewis: "Prevalence of Sexual Misconduct at Harvard Remains Unchanged from Four Years Ago, AAU Survey Finds," *Harvard Crimson*, October 15, 2019.

21 J F Isselbacher and A Y Su: "With End of Sanctions, Khurana Bids Signature Policy Proposal Goodbye," *Harvard Crimson*, July 1, 2020.

22 A Brodsky: *Sexual Justice: Supporting Victims, Ensuring Due Process, and Resisting the Conservative Backlash*.

New York: Metropolitan Books, 2021.
23 L Ferre-Sadurni: "He Is Accused of Rape but Has 'a Good Family,'" *New York Times*, July 3, 2019, p. 1.
24 "Federal Judge Vacates Part of Trump Administration's Title IX Sexual Harassment Rule," National Women's Law Center, August 11, 2021, https://nwlc.org/resources/federal-judge-vacates-part-of-trump-administrations-title-ix-sexual-harassment.
25 R Frost：訪問，2020年9月3日。
26 MASOC Campus Sexual Misconduct Conference, William James College, Boston, Massachusetts, June 10, 2021.
27 D R Karp: *The Little Book of Restorative Justice for Colleges and Universities*. New York: Good Books, 2015.
28 D R Karp: "Restorative Justice and Responsive Regulation in Higher Education: The Complex Web of Campus Sexual Assault Policy in the United States, and a Restorative Alternative." In: G Burford, V Braithwaite & J Braithwaite (Eds.): *Restorative and Responsive Human Services*. New York: Routledge, 2019, pp. 143–164.
29 M Orcutt, P M Petrowski, D R Karp, et al.: Restorative Justice approaches to the informal resolution of student sexual misconduct. *Journal of College and University Law* 2020; 45.

結論　最長的革命 Conclusion: The Longest Revolution

1 A Hill: *Believing*. New York: Viking, 2021.
2 J Mitchell: Women: The longest revolution. *New Left Review* 1966; 40.
3 United Nations General Assembly: "Convention on the Elimination of All Forms of Discrimination Against Women," UN Human Rights Office of the High Commissioner, December 18, 1979, https://www.ohchr.org/en/professionalinterest/pages/cedaw.aspx.
4 "15 Years of the United Nations Special Rapporteur on Violence Against Women, Its Causes and Consequences (1994–2009)—A Critical Review," UN Human Rights Office of the High Commissioner, https://www.ohchr.org /Documents/Issues/Women/15YearReviewofVAWMandate.pdf.
5 "Violence Against Women, Its Causes and Consequences: Report of the Special Rapporteur on Violence Against Women, Its Causes and Consequences," United Nations, https://undocs.org/A/HRC/41/42.
6 www.dol.gov/agencies/wb/data/facts.
7 N Gartrell, J L Herman, S Olarte, et al.: Psychiatrist-patient sexual contact: Results of a national survey, I: Prevalence. *American Journal of Psychiatry* 1986; 143:1126–1131.
8 Office for Diversity, Equity, and Inclusion: https://diversity.defense.gov.
9 C A MacKinnon: "#MeToo Has Done What the Law Could Not," *New York Times*, February 4, 2018.
10 M Fisher: "As Abortion Rights Expand, US Joins the Telling Exceptions," *New York Times*, September 10, 2021, p. A6.
11 T Burke & M Ramirez: "We Cannot End Racism Without Listening to Sexual Violence Survivors,"

ELLE, July 7, 2020.

12 M Farley, A Cotton, J Lynne, et al.: Prostitution and trafficking in nine countries: Update on violence and post traumatic stress disorder. *Journal of Trauma Practice* 2003; 2:33–74. M Farley: "Prostitution: An Extreme Form of Girls' Sexualization." In: EL Zurbriggen & T-A Roberts (Eds.): *The Sexualization of Girls and Girlhood*. New York: Oxford University Press, 2013, pp. 166–194.

13 M Waltman: *Pornography: The Politics of Legal Challenges*. New York: Oxford University Press, 2021.

致謝 Acknowledgments

1 J L Herman: Helen Block Lewis: A memoir of three generations. *Psychoanalytic Psychology* 2013; 30:528–534.

左岸｜心靈 388

真相與修復

創傷倖存者如何想像正義？

Truth and Repair: How Trauma Survivors Envision Justice

作　　者　茱蒂絲・赫曼 Judith Herman
譯　　者　吳妍儀
審　　訂　何雪綾

總 編 輯　黃秀如
責任編輯　孫德齡
企畫行銷　蔡竣宇
封面設計　EDO
電腦排版　宸遠彩藝

出　　版　左岸文化／遠足文化事業股份有限公司
發　　行　遠足文化事業股份有限公司（讀書共和國出版集團）
　　　　　231新北市新店區民權路108-2號9樓
電　　話　（02）2218-1417
傳　　真　（02）2218-8057
客服專線　0800-221-029
E - M a i l　rivegauche2002@gmail.com
左岸臉書　https://www.facebook.com/RiveGauchePublishingHouse/
團購專線　讀書共和國業務部　02-22181417分機1124

法律顧問　華洋法律事務所　蘇文生律師
印　　刷　成陽印刷股份有限公司
初　　版　2025年2月
定　　價　380元
I S B N　978-626-7462-42-3（平裝）
　　　　　978-626-7462-41-6（EPUB）
　　　　　978-626-7462-40-9（PDF）

國家圖書館出版品預行編目資料

真相與修復：創傷倖存者如何想像正義?
茱蒂絲・赫曼(Judith Herman)著；吳妍儀譯.
-- 初版. -- 新北市：左岸文化出版：遠足文化事業股份有限公司發行，2025.02
236面；14.8×21公分. -- (左岸心靈；388)
譯自：Truth and repair: how trauma survivors envision justice.
ISBN 978-626-7462-42-3(平裝)

1.CST: 社會正義 2.CST: 心理創傷

540.21 114000065